Cécile Coulon est née en 1990 à Clermont-Ferrand. Son dernier roman, *Le roi n'a pas sommeil*, paru début 2012, a été en lice pour de nombreux prix. Elle est l'auteur du « Manifeste des enfants sauvages ».

BANDE ORIGINALE DU ROMAN
MIXÉE PAR L'AUTEUR

Sam the Sham and the Pharaohs – *Big City Lights*

The Kinks – *So Long*

Alice Cooper – *Spark In the Dark*

The Everly Brothers – *Wake Up Little Suzie*

Led Zeppelin – *D'yer Mak'er*

Peter Tosh – *Stop the Train*

Carl Perkins – *That's All Right Mama*

Cécile Coulon

MÉFIEZ-VOUS DES ENFANTS SAGES

ROMAN

Viviane Hamy

TEXTE INTÉGRAL

ISBN 978-2-7578-3019-2
(ISBN 978-2-87858-332-8, 1re publication)

That's where we wanna go to get away from it all...[1]

The Beach Boys

1. *C'est là que tu veux aller pour t'échapper de tout...*

PREMIÈRE PARTIE

TOUTES LES ARAIGNÉES VONT À SAN FRANCISCO

1

Le chocolat noir.

Elle adorait ça. Elle en prenait avant d'entrer dans l'église. Au moment de la prière, elle le laissait fondre dans le fond de sa joue gauche. Le chocolat coulait dans sa gorge comme une couleuvre d'eau douce. À la maison, il y avait toujours trois tablettes d'avance, empilées dans le placard au-dessus de l'évier, entre un pot de miel et des herbes en sachets. Sur l'emballage blanc crème, un designer branché avait imaginé une fève de cacao géante, entourée de milliers de noix minuscules. Il était payé soixante mille dollars par an.

Elle vivait dans une petite ville du Sud, le genre d'endroit où les filles étaient mères avant d'avoir leur permis de conduire. C'était un assemblage de ruelles désertes, mélange de planches et de goudron. Quand un gamin partait à l'école le matin, sa mère disait toujours « Dieu te garde » avant de rejoindre son amant, quelques rues plus loin. Au début du printemps, les forains venaient s'installer sur un terrain vague, à la sortie de Park Center, et les familles débarquaient tous les week-ends : les gosses hurlaient, les mères achetaient des guimauves à la vanille, du sucre en forme de fleur, des robots en plastique. À la fin du mois, les itinérants remballaient leur matériel et partaient dans une autre ville. Il fallait patienter un an avant de les voir revenir, et ainsi de suite, jusqu'à ce que les mômes grandissent. Au fil du temps, un certain nombre de jeunes entrepreneurs ambitieux avaient ouvert des magasins en centre-ville : jeux électroniques, vêtements à strass, les troupes d'adolescents venaient fouiner le samedi après-midi pour dénicher la perle rare. C'était ça. Entre les céréales, les gosses et le bowling, chacun cherchait sa voie, peu la trouvaient réellement, beaucoup faisaient semblant.

Elle n'avait jamais découvert la sienne. Comme tous les autres, elle avait testé les manèges des forains pendant des années, elle avait payé son ticket, avalé des litres de soda sans bulles dans de grands verres en carton. Mais rien n'avait changé. Elle le savait, ceux qui vivaient avec elle le savaient aussi, mais elle ne disait rien. C'était « une femme bien ». C'est comme ça qu'on parlait d'elle. Quand on parlait d'elle.

Ses cheveux bouclaient en été. Elle ne les coupait jamais, ses parents tentaient parfois de la traîner chez le coiffeur du coin, Tim Mac, un homme avec des poils dans le nez. Mais elle criait, s'accrochait aux gonds de la porte, sous les yeux effarés de son père. De temps en temps, sa mère lui proposait de les regrouper en trois boucles. Elle refusait, le regard menaçant, et courait s'enfermer dans sa chambre.

À onze ans, elle se mit à voler des pommes chez le voisin. Elle grimpait à l'arbre comme un chat, dérobait un ou deux fruits avant de bondir pour repartir chez elle, comme si de rien n'était. Le voisin, ayant compris la manœuvre, avait placé sous l'arbre une planche plantée de vieux clous longs et rouillés. Un jour, les poches remplies, elle sauta de la plus haute branche. Elle sentit la pointe en métal déchirer sa peau, hurla de toutes ses forces, et s'aperçut que le clou avait traversé son pied : le sang coulait à flots. Derrière ses carreaux, le voisin pensait aux pommes qu'on lui avait volées. Les parents portèrent plainte, et la gamine eut droit à deux semaines de fauteuil roulant avant de pouvoir marcher, d'abord avec des béquilles, ensuite avec une canne. Elle retrouva l'usage total de son pied trois mois après l'accident, et décida de ne plus toucher une pomme de sa vie. Encore aujourd'hui, quand sa propre fille le lui demande, elle dit non, sans donner d'explication.

Un jeudi après-midi de juin, elle embrassa un garçon pour la première fois. Dégoûtant. Le type s'appelait Stan, cheveux châtains coupés court, yeux verts, il se prenait pour un rappeur tout droit sorti du Bronx et écrivait ses textes en classe. Il s'agissait toujours de drogue, de flingue et de pectoraux plus gros que ceux du voisin. Ensemble, ils avaient passé plusieurs mercredis après-midi les yeux dans les yeux au bord du stade de foot, et le jeune homme l'avait embrassée un soir en rentrant, après avoir acheté deux litres de Coke au fast-food local. Tarif réduit : cinquante centilitres gratuits. Elle avait laissé sa langue se promener dans la bouche de son partenaire, elle ne ressentit qu'un goût de vieux Malabar coincé entre les molaires du garçon. Leur premier baiser dura trente-cinq secondes. Un pigeon la regardait droit dans les yeux, posté sur la dernière marche des gradins ; elle le voyait, se disait « ce piaf a l'air cool », et Stan fermait les yeux, serrait ses poings comme dans *Rambo*. Trente-cinq secondes plus tard, ils se séparèrent, et le pigeon s'envola vers le parking du supermarché, rejoindre sa femme et ses enfants.

Le lendemain, Stan la saisit par les hanches devant le collège. Elle le pria froidement de la laisser tranquille. Le jeune homme rougit. Humilié, il l'insulta devant toute la classe. Jusqu'à ses dix-neuf ans, elle n'eut aucune liaison sérieuse, n'alla jamais plus loin qu'un premier rendez-vous, et malgré tous les prétendants au titre de petit ami officiel, elle refusait systématiquement de se faire raccompagner le soir. La rumeur finit par courir qu'elle était frigide, et les garçons voyaient en elle un trophée, l'oiseau rare impossible à attraper.

Elle était jolie. Brillante en classe. Elle ne se révoltait jamais, elle ne criait pas, rien ne pouvait la pousser à brandir des pancartes colorées au milieu de la foule, elle ne portait pas de talons, ni de sandales à franges de cuir, très en vogue dans le Sud à cette époque de l'année. Ses yeux ne s'embrasaient ni pour un pantalon en jean brut évasé aux chevilles dans la vitrine de Center Shop, ni pour un cheesecake de chez Happy Cream Happy Day, ni pour les mannequins blonds, imberbes et silencieux du dernier défilé Ralph Lauren. Un vide s'était creusé en elle, repérable dès qu'on la voyait traverser la rue, avec cette manie de balancer les mains d'avant en arrière comme une marionnette en papier. Parfois elle achetait un magazine de mode en attendant sa mère qui venait dîner avec elle chaque jeudi dans un restaurant du centre-ville, celui avec les colonnes rouges en carton-pâte à l'entrée et les couverts maculés de calcaire. Le genre de restaurant où il est permis de boire son Dr Pepper sans changer de verre. Elle était calme, floue, ses cheveux faisaient comme de grosses bulles de savon au-dessus de son front.

À vingt-deux ans, elle quitta son appartement de dix-sept mètres carrés avec trois cents dollars en poche et un aller simple pour San Francisco. Elle avait entendu dire que tous les hippies, tous les vagabonds du pays, et même d'Europe, venaient y chercher la Vérité, et puisqu'elle ne trouvait pas sa voie ici, elle décida de prendre son courage à dix doigts et écrivit une lettre à ses parents, où elle expliquait, non sans aplomb, que son université l'envoyait pour un an en échange scolaire avec un étudiant de la côte. Elle ne reçut aucune réponse, et décida d'y voir un encouragement à larguer les amarres. Elle n'avait jamais vu la mer, elle n'avait jamais vu de hippies, à part à la télé, ni d'homosexuels avec des T-shirts rayés bleu et blanc.

Le jour de son départ, elle acheta un paquet de cigarettes light à un noir unijambiste avant de monter dans le bus jaune et rouge qui devait l'emmener à mille cinq cents kilomètres de là, dans la chaleur du surf et des boîtes de nuit ouvertes jusqu'à l'aube. Elle n'y connaissait rien, et quand le chauffeur tamponna son ticket, elle regarda une dernière fois le parking du fast-food où Mick Humper, le père de Stan, servait ses milk-shakes tièdes à des minettes poudrées jusqu'aux sinus. Une voiture rouge passa devant le bus et les pneus crissèrent sur les graviers. C'était le bon moment pour foutre le camp, sauf qu'elle pensait ne jamais remettre un pied dans cette ville. Aujourd'hui, elle y possède une maison, et tout ce qui va avec.

San Francisco.

Elle loua un petit appartement lumineux au rez-de-chaussée, dans un vieil immeuble aux murs jaunis par le soleil et la pisse des camés. L'ancien locataire, un Mexicain aux dreadlocks de toutes les couleurs, avait laissé ses vieux posters plastifiés dans le séjour, ainsi qu'une multitude de mégots de cigarettes et de joints payés à prix d'or dans les ruelles du quartier sud. Une petite étagère était fixée contre le mur face à la fenêtre, et un vieux bouquin corné était posé là, oublié par son propriétaire. Elle décida de garder le livre. Sur la couverture d'un brun pâle, le titre s'étalait en lettres rouges : *Sa Majesté des Mouches.*

L'annonce du journal avait parlé d'un meublé,

mais en guise de meubles, on lui cédait un vieux matelas gris à rayures et une table de jardin dont les pieds menaçaient de s'affaisser dès qu'on y posait une assiette. Elle se plut immédiatement : elle aimait la brume et les vapeurs de lumière qui s'en échappaient, comme de longues vipères escaladant les nuages, les rues sentaient bon, elle adorait les cheveux longs, et décida d'attacher quotidiennement les siens avec un bandeau de couleur vive.

Deux jours après son installation, elle explora la ville de long en large à la recherche d'un job. Le monde entier avait, paraît-il, les yeux tournés vers cette cité de lumière où l'on vivait de peu, où tout était simple, où le sexe, la drogue et les filles étaient faciles et innocents. Elle trouva un emploi de serveuse dans un restaurant familial en bord de mer qui donnait des concerts tous les soirs. Elle arrivait le matin vers onze heures, prenait un petit déjeuner rapide et préparait la salle avant l'arrivée des premiers clients, vers midi et demi. Jusqu'à trois heures, elle se faufilait entre les tables, souple et rapide, souriant à tous et sans raison. Le patron lui laissait deux heures de pause et vers six heures, elle passait la serpillière et accueillait les groupes programmés.

Souvent, elle assistait aux balances d'un quatuor qui venait jouer tous les vendredis : quatre filles, trois guitares et une batterie. Elles reprenaient de vieux morceaux country folk qui marchaient toujours, et la salle était remplie jusqu'à une heure du matin. Parfois, une des musiciennes lui prêtait sa guitare, et la jeune fille fredonnait quelques chansons qu'elle avait composées au lycée. Une fois, elle avait même repris les paroles de Stan, et ô miracle, dans la salle, on avait applaudi. Quand le concert se finissait tard, elle ne quittait pas le restaurant : au fond de la salle, une petite pièce faisait office de cagibi, de réserve, et occasionnellement, de chambre. Elle s'allongeait sur la banquette, finissait la dernière part de tarte au citron de la journée, et, comme le sommeil ne venait pas tout de suite, elle sortait *Sa Majesté des Mouches* de son sac de cuir, et relisait ses passages préférés. Le lendemain, de gros cernes bleu clair soulignaient ses yeux de biche, et le patron adorait ça.

Cela dura quatre ans. Tout rond. La vie s'écoulait entre les répétitions des guitaristes et les hamburgers servis tièdes et sans mayonnaise aux habitués. L'été, les jeunes skateurs en vacances venaient tous les jours. Ils s'asseyaient sur les banquettes du fond, les écouteurs dans les oreilles, et elle offrait toujours un ou deux Coke, les vrais de vrais, à l'époque où les sodas d'anorexique n'avaient pas encore envahi les tables. Elle trouvait les gamins gentils et inoffensifs. Tous avaient les cheveux très clairs et très fins, secs comme de la paille. Leurs peaux bronzées sentaient la chaleur et le barbecue. Rien n'était plus important pour eux que de se retrouver là tous les après-midi. Parfois, ils venaient le vendredi pour le concert, et la serveuse jouait de la guitare avec eux, en s'extasiant sur leur technique de jeu qui consistait à alterner les cordes graves et les cordes aiguës en les pinçant chacune un coup avec le pouce, un coup avec l'index. On avait l'impression d'entendre un duo basse-guitare, où le rythme était frappé contre la caisse de l'instrument avec le poignet de la main droite. Ils s'éclataient avec Buffalo Springfield et Sublime, dansaient jusqu'au matin sur *Good Vibrations* et adoraient enfiler bière sur bière en écoutant le vieux juke-box. Au bout de quelques semaines, elle connaissait les morceaux par cœur, de Jerry Lee Lewis à Fats Domino en passant par Eddie Cochran. Mais le travail devenait pénible dès que les gosses reprenaient les cours, même si la plupart d'entre eux séchaient en fin de journée pour venir admirer la mer et fumer des pétards sous le nez des adultes.

Son sourire ne s'effaçait jamais. Sa bouche semblait rire en permanence, ses lèvres avaient la forme d'une coque de voilier, ronde et pleine, et sa langue rappelait une coupe de fruits mûrs et savoureux. La ville avait englouti toute forme de timidité et de peur, sans pour autant faire d'elle une reine de la nuit ou une fumeuse de haschich invétérée. Elle payait son loyer tous les dix du mois, en signant les chèques d'une écriture fine, à l'encre noire indélébile. Elle allait au cinéma une semaine sur deux, voir des films de super héros. Les protagonistes, beaux, jeunes et musclés, avaient toujours le mauvais goût de porter leur slip de couleur par-dessus leur costume. De temps en temps, elle assistait aux soirées publiques du *Classic Movie Magazine*, mais les places étaient chères, et elle détestait entendre son voisin de strapontin déglutir pendant la scène du banquet dans *Freaks*. Tout allait pour le mieux : son patron, Teddy, grand fan du King, élève spirituel de Russ Meyer, lui offrait ses trois repas par jour, Vanilla Coffee et Cherry Coke compris. Elle travaillait bien, il augmentait son salaire tous les six mois, de quoi économiser si elle décidait de quitter la côte pour reprendre des études ou pour un tour du monde. Elle s'était payé une guitare d'occasion pour son anniversaire, un type la lui avait vendue pour trois fois rien. La vie n'avait jamais été aussi belle : la jeune femme était douce, drôle, elle consolait les mômes quand ils venaient pleurer sur la banquette de cuir bleu, tout au fond de la salle, à cause d'un prof, d'une fille ou de leurs vieux qui se bourraient la gueule avant de se mettre des claques dans la figure. L'injustice prenait de nouvelles formes qu'elle n'aurait probablement pas pu découvrir sans les larmes des petits diables aux cheveux longs. Bien sûr ils exagéraient, mais peut-être était-ce le seul moyen d'attirer l'attention quand on mesurait un mètre cinquante dans une des plus grandes villes du monde.

Et puis, il y avait la brume de San Francisco, les premiers rayons du soleil, les ordures des junkies qui balançaient leurs sachets dans le sable avant de rentrer au bercail. Parfois, en plein après-midi, des hommes à moustache venaient vendre des vêtements sur la plage. La serveuse s'asseyait alors sur la terrasse déserte et regardait la mer, en pensant qu'il faisait bon vivre quand on avait trouvé l'endroit idéal. Elle gagnait sa vie, s'amusait, riait, et jamais la mélancolie n'avait tenté de pointer le bout de son nez. Le temps passait, sans calendrier ni marqueur rouge pour barrer les jours les uns après les autres. Elle vivait sans montre, elle marchait dans les rues après ses heures, sans parcours, sans trajectoire, juste pour le plaisir d'aller nulle part, mais d'y aller quand même, et d'un bon pas. La vie à San Francisco lui plaisait. Elle se laissait aller, portée par le bruit des vagues et les promenades des habitués. Il y avait vraiment de quoi être heureux pour le restant de ses jours.

Le rêve fut brutalement interrompu un après-midi d'avril. Alors qu'elle partait servir ses premiers clients, le téléphone sonna. Elle laissa le répondeur branché, et reconnut immédiatement la voix lourde et grave de son père. Son ton avait changé : ses mots tremblaient comme des milliers de feuilles d'automne au-dessus d'un volcan en éveil ; elle pouvait sentir, à plusieurs centaines de kilomètres de là, la sueur s'échapper de sa nuque et de ses doigts, filant entre ses jambes comme un serpent d'eau, long et tiède, enlaçant son vieux corps jusqu'à l'épuisement. Ta mère est malade, c'est une question de jours. Au même moment, un petit mec de seize ans apporta une gerbe de fleurs jaunes au restaurant, et demanda à Ed de les remettre à sa serveuse, sans préciser leur provenance.

Elle prit le premier avion sans rien dire à personne. Le billet était chaud entre ses doigts.

Elle laissa un mot bref à son patron. Ed accrocha le message sur son plan de travail, juste au-dessus des bouteilles de sirops, entre une horloge à pile et le vase bleu nuit qui contenait les fleurs.

Elle s'engouffra dans le même bus qu'à l'aller, et crut reconnaître le chauffeur. Elle portait un T-shirt vintage, blanc, imprimé « San Francisco Team 1989 ». La ville, sa ville, n'avait pas changé, et sans sourire, elle se rappela qu'elle s'était juré de ne pas revenir trop tôt, de ne pas revenir du tout. À son arrivée, la gare routière était presque vide, les panneaux informatiques annonçaient les départs. Un homme était là, seul, plutôt mignon, il tenait une sacoche en cuir coincée entre ses jambes. Elle pensa qu'il était étudiant, elle s'en foutait, San Francisco lui manquait déjà.

Son père l'attendait devant la maison. Elle ne posa aucune question, et le lendemain, elle s'occupa d'appeler les pompes funèbres, et décida de rester auprès de lui quelque temps. Le soir, après le coucher du soleil, quand les premiers *bikers* commençaient à gronder dans les rues, quand son père plongeait dans le sommeil le plus douloureux qui soit, le sommeil du veuf, elle faisait son propre deuil. Elle venait de perdre son bien le plus précieux : le bonheur des choses simples. Elle savait, et l'admettait sans peine, qu'elle ne pourrait jamais le retrouver, et qu'à partir de ce jour, San Francisco serait liée au chagrin d'avoir perdu ce qu'elle avait de plus cher au monde.

2

Il avait deux énormes points d'interrogation dans les yeux mais posait peu de questions à haute voix. Parfois, un large sourire se dessinait sur son visage, mais la plupart du temps, il restait calme comme un vieux chat, le regard neutre, les mains croisées derrière le dos.

Il se levait tard. Midi, si on ne le réveillait pas. Un vrai loir. Le jour de la naissance de sa première fille, il s'était endormi dans le couloir de l'hôpital, sur les sièges blancs en plastique. Une télé miniature passait les informations en boucle mais comme souvent dans les lieux publics, une main sadique avait coupé le son. La présentatrice, une jeune femme de quarante-cinq ans, barbouillée de fond de teint, racontait l'histoire d'un bébé albinos retrouvé dans le micro-ondes d'un restaurant chic. La serveuse embauchée à l'essai avait demandé au chef, après avoir trouvé l'enfant, s'il n'y avait pas eu un problème avec le gratin de truffe. L'histoire ne dit pas si celle-ci fut licenciée, mais le nourrisson est devenu une star aux États-Unis, malgré son teint de crème aux grumeaux et ses cheveux roux vif.

Quand le médecin vint lui annoncer la naissance de son premier enfant, un filet de bave coulait sur son menton, comme une minuscule toile d'araignée filée, lentement, jusque sur sa main, et ses pieds bougeaient doucement, à la manière d'un danseur étoile en pleine prestation. Le médecin, surpris et amusé, n'avait pas osé le réveiller, il avait donc prévenu la jeune mère que son dormeur de mari serait mis au courant dès qu'il aurait fini son ballet imaginaire. Celui-ci s'était réveillé une heure plus tard, et après avoir bu deux cafés et avalé trois barres chocolat-caramel-miel-noix-de-pécan, il avait demandé, tout feu tout flamme, où en était l'accouchement. On l'avait immédiatement conduit dans la chambre de sa femme. Il paraît que ses cheveux étaient en pétard, et qu'il se frottait les yeux au-dessus du berceau. Tu ne rêves pas, ta fille est née, elle s'appelle Lua, et tu vas devoir changer ses couches, l'emmener à l'école, aller la chercher à ses premières boums, et casser la gueule du pauvre type qui tentera de la dépuceler avant l'heure. Tu es papa, alors il va falloir sortir ton nez de l'oreiller et de tes insectes minuscules et découvrir ce que c'est d'avoir une bestiole grandeur nature à la maison. Bon courage.

On dit qu'il est suédois. Il n'en parle pas beaucoup, de sa Suède natale, peut-être ne l'a-t-il jamais connue. On dit aussi qu'il vit en Amérique depuis trente ans. Tout est possible, il aurait simplement fallu qu'il parle un peu de lui, et ça, nom d'un chien, c'était au-dessus de ses forces. Il vivait dans un monde où chaque geste, chaque mouvement avait son importance. Tout était d'une logique mathématique implacable, rien n'était dû au hasard, il y avait un but à tout. Dieu, la Providence, le Destin, ces choses-là n'avaient pas leur place, elles n'existaient même pas. Si quelqu'un mourait en ville, il démontrait, malgré sa tristesse, que la mort arrivait au bon moment, que ce soit pour l'enfant écrasé par un bus ou pour le vieillard fatigué. Il n'existait pas de concours de circonstances dans son monde, il n'y avait pas le un pour cent de probabilité dû au hasard, tout se faisait dans les règles dictées par les chiffres, les suites logiques, les grandes phrases à numéros d'Einstein. C'était un homme bon, pour la simple raison qu'il jugeait les choses calmement. Pour lui, même les sentiments humains avaient une logique comparable à celle attribuée aux molécules et aux atomes. Tout était toujours clair. Sombre en pratique, simple en théorie. Il ne se laissait jamais aller à ses émotions : s'il se mettait en colère, il cherchait d'abord à comprendre pourquoi, pour qui et contre qui, puis il se calmait, énonçait la théorie qui s'appliquait à son cas ; finalement, la colère s'évaporait, et la vie reprenait comme si de rien n'était. Il dormait, travaillait et cuisinait souvent. Il mettait le couvert soigneusement, des serviettes de couleurs différentes selon les jours de la semaine (jaunes le lundi, vertes le mercredi, bleues le week-end), et un CD de Gene Vincent, toujours le même, avec la chanson *Crazy Legs*, passait en boucle.

Seulement voilà, toute sa vie se résumait à ça : être honnête. Envers lui-même pour commencer, ensuite pour les autres. En théorie, ça pouvait paraître très pompeux, comme une pièce montée dans laquelle on ne peut pas croquer. En pratique, on s'apercevait vite, chez la plupart des gens, que le gâteau en question n'était qu'un pauvre apparat qui tombait en ruine à la première secousse. Mais pas chez lui. Né en Suède, fruit d'une liaison défendue entre une bonne sœur et un conducteur de train, le jeune homme avait toujours eu le visage, la voix et les gestes d'un homme calme. Enfant du péché, il avait vécu avec son père dans un appartement d'une ville de province, au nord, où le froid mangeait les doigts quand on sortait tôt le matin.

Très vite, il avait montré un intérêt prononcé pour les animaux, la musique et les problèmes logiques qui demandaient des heures et des heures de concentration. À l'école, il s'asseyait toujours au centre de la pièce, de façon à être en permanence vu de tous et surtout de manière à voir tout autour de lui. Il pouvait ainsi, en une même heure, regarder ce que faisait son voisin, celui de devant, et celui de gauche.

À quatorze ans, sa belle-mère, une actrice ratée reconvertie en secrétaire dans un bureau de quinze mètres carrés sans fenêtre, mourut, poignardée en plein jour, dans une petite ruelle perpendiculaire à la Grand-Place. Le mari paya ce qu'il avait à payer, et le jour de l'enterrement, le jeune garçon remarqua pour la première fois à quel point son père était fier, fier et triste. Il avait raté sa vie et ses amours, tandis que son seul et unique fils prenait le chemin de la gloire quotidienne.

À vingt et un ans, il s'exila en Amérique et intégra la faculté de sciences, non sans peine, multipliant les petits boulots pour payer son loyer et ses cours. Il ne mangeait pas à sa faim tous les jours, ses vêtements étaient troués aux manches et aux genoux. Cette année-là, il faillit mourir de fatigue, de stress, de désespoir.

Un soir, il reçut une longue lettre pleine de ratures, écrite au stylo vert. Les mots étaient courts, secs et épais comme des cordes à potence. L'enveloppe était noire et l'adresse s'étalait voluptueusement au crayon blanc sur toute la longueur du papier. Au dos, il lut « Emily Tila Lenden », et tout en déchirant le mince filet de cire froide qui cachetait la lettre, il se demanda s'il ne valait pas mieux la jeter tout de suite, ou même la brûler, pour ne pas céder à l'envie de la lire plus tard.

Alors comme ça, elle s'appelait Emily, elle vivait quelque part au bord d'une rivière où l'eau gelait l'hiver et disparaissait deux mois en été. Elle avait aussi des cheveux blonds, et des remords, et des regrets, et un chat angora qui avait frôlé la mort au cours d'une escapade chez le voisin d'en face. Une voiture avait déboulé quand il traversait la rue et il s'était retrouvé avec un bout de queue en moins. Elle avait beaucoup vécu, ici et là, mais surtout, elle voulait le voir, juste une fois, juste pour savoir quel effet cela faisait de l'avoir en face d'elle. Elle demandait une réponse dans les dix jours, une réponse claire, à poster au 131 d'une rue à consonance européenne, la rue du Fond-de-Gare, ou quelque chose de ce genre. Soudain, il pensa que, toute sa vie, il avait secrètement espéré avoir une photo d'elle en permanence cachée sous sa chemise, comme dans les films où les orphelins ont de grands yeux sombres et des mèches de cheveux sales devant les yeux.

Il descendit au coin de la première rue, où le nouveau vidéoclub, Cherry Pie Shop, vantait les mérites du dernier Woody Allen. Cela le surprit, car le cinéaste n'était pas vraiment apprécié aux USA, alors qu'en Europe, il était devenu, depuis quelques années déjà, une icône à grosses lunettes. Il pensa soudain à Buddy Holly, mort à vingt-trois ans, au sommet de sa gloire, dans le crash d'un avion qui le ramenait chez lui après un concert. Buddy avait les mêmes lunettes que Woody, peut-être plus épaisses, et son visage était pâle et lisse. Un chat noir miaulait, la queue reposant dans un caniveau regorgeant de balles de base-ball crevées. Plus loin, il poussa la porte du bureau de poste et envoya une courte lettre, de deux lignes, où il acceptait de rencontrer Emily, un soir, loin de son domicile, et loin des curieux. Il signa, et la guichetière lui demanda s'il était célibataire. Elle avait de longs cheveux bruns attachés en un chignon complexe, et de petites perles multicolores tintaient quand elle bougeait la tête. Gêné, il fixa une brochure sur le présentoir devant lui *Les Enfants et l'argent ne font pas bon ménage*. Elle lui rendit sa monnaie et le gratifia d'un large sourire où il put distinguer deux fausses dents, et une autre déminéralisée.

Les trois jours suivants, il s'affaira comme un dingue à la bibliothèque, à la recherche d'ouvrages inintéressants qu'il lisait minutieusement. Il mangea simplement une part de tarte aux myrtilles la veille du rendez-vous, et laissa la croûte dorée reposer sur le bord de son assiette, alors qu'un mendiant, les yeux collés contre la vitre du *dinner*, bavait, déversant de longues traînées gluantes sur les prix cassés affichés en larges lettres rouges.

Le soir. Il prit un taxi, traversa la ville, et retrouva Emily à l'endroit convenu. Elle portait une robe rouge, mais on ne pouvait pas réellement lui donner d'âge : elle rabattait un voile noir sur ses yeux, de ce fait, elle aurait pu avoir vingt ou soixante ans. Elle avait des cheveux très blonds, un foulard noué autour du cou pour la protéger du froid, et elle attendait là, sombre silhouette, oiseau de mauvais augure. Il lui prit le bras, l'emmena dans un café, sans doute le plus reculé de toute la ville, et la pria de s'asseoir sur une chaise aux barreaux bleus. Il commanda deux whiskys doubles, saisit la main gantée d'Emily et la regarda droit dans les yeux sans rien dire. Il était blond comme les blés, avec des yeux très clairs et une taille haute, le portrait craché de son père. Son teint resplendissant tranchait avec le voile épais qu'elle portait sur les yeux. Elle ne parlait pas beaucoup, lui non plus. Peut-être était-ce leur seul point commun. Au bout d'une vingtaine de minutes, il se leva, paya, la prit délicatement par la taille et l'entraîna dehors. Ils marchèrent longtemps, serrés l'un contre l'autre, puis s'arrêtèrent devant la façade cramoisie d'un vieil hôtel. Il l'étreignit longtemps contre sa poitrine, la laissa passer la porte et regarda sa silhouette monter le petit escalier. Deux heures plus tard, il avait regagné son appartement, et se mangeait le bout des ongles, recroquevillé dans son lit, les draps sur les chevilles. Il resta les yeux ouverts une bonne partie de la nuit. Il se sentait coupable comme cela ne lui était jamais arrivé auparavant. Le sommeil ne vint pas tout de suite, et il pensa que la chambre avait changé de couleur, que les murs n'étaient plus les mêmes. Le reflet de la pleine lune envoyait une lumière blanche qui glaçait la pièce.

Pendant ce temps, dans un hôtel de la ville, Emily descendait doucement l'escalier et appelait le groom à l'accueil. Un jeune Mexicain en uniforme lui donna sa note. Elle ne prit pas la peine de le regarder, lui et ses boutons dorés aux initiales de l'établissement. Elle sortit son carnet de chèques d'une pochette à main noir et doré. Emily demanda un stylo, bleu de préférence. Le jeune Mexicain lui en tendit un, sans cesser de la regarder. Soixante-dix-neuf dollars, de Mlle Tila Lenden. Elle laissa le chèque sur le comptoir, prit sa valise et sortit. La nuit était fraîche. Elle appela un taxi, et sur le trajet qui la menait à l'aéroport, elle pensa à ce jeune homme qui ressemblait comme deux gouttes d'eau à son père. En payant le chauffeur, elle eut soudain l'intime conviction que c'était la première et la dernière fois qu'elle voyait son fils.

Il n'écrivit plus de lettres. Les cours à l'université cessèrent en juin. Il passait en dernière année avec la moyenne la plus élevée de toute sa promotion. Un de ses professeurs l'invita à dîner pour parler de sa thèse en biologie, et l'élève se sentit empli d'un orgueil qu'il ne connaissait pas. Le rendez-vous était fixé à deux heures, dans un centre documentaire du quartier est de la ville. Il décida de prendre le bus, et le jour venu, il se rendit à la gare principale pour s'informer des horaires et acheter son ticket. Il pensait revenir en fin d'après-midi, ce qui lui laisserait le temps de passer à la bibliothèque rendre ce livre fabuleux sur les scarabées malgaches qu'il avait emprunté la semaine précédente.

La gare. De longs couloirs blanc et gris s'enfilaient les uns derrière les autres, et parfois, des enfants se perdaient et criaient le nom de leur mère, accrochés à une poubelle en plastique vert pomme. Il s'y rendit vers dix heures. La guichetière, une brune aux cheveux courts, mal coiffée, plutôt laide et tout en rondeurs, lui expliqua que le prochain bus partait dans une demi-heure, et que le dernier rentrerait vers cinq heures le soir même. Il paya son ticket avec deux billets de dix dollars retirés la veille au distributeur de la National Bank, et sortit sur l'immense parking.

Un quart d'heure plus tard. Un bus, avec d'énormes phares carrés, déboula à toute vitesse et vint se garer en face du jeune homme. Il était presque vide. Il s'aperçut que c'était une ligne spéciale pour les longs trajets. Trois personnes descendirent : un ouvrier noir en salopette tira un paquet de tabac de sa poche kangourou et roula une cigarette en sifflotant *Stand By Me* sans fausses notes ; une femme d'un âge avancé, canne à la main, descendit les quatre marches avec une précaution d'horloger, comme si elle s'était mise en tête de marcher sur des œufs sans les casser. Elle portait un large cabas rose clair au bras droit, rempli de paquets à gros nœuds. Ses cheveux étaient très blancs et très raides, comme un rideau de fer autour de son visage ridé et bienveillant. Il restait encore quelqu'un dans le bus, il pouvait voir sa silhouette bouger derrière les carreaux sales. C'était une femme, peut-être même une jeune fille.

Il plissa un peu plus les yeux. Le parking puait le gaz et la viande rance. La jeune fille tenait un sac de toile épaisse à la main. Elle était bronzée et portait un T-shirt blanc délavé imprimé « San Francisco Team 1989 ». Ses cheveux étaient très longs, il n'en avait jamais vu de pareils avant. Quand elle leva les yeux vers lui, il sentit la colère monter en elle, son visage exprimait la violence et le chagrin, et sans la trouver belle, il se leva et proposa son aide. « Pourquoi voudriez-vous m'aider ? » demanda-t-elle. « Pour porter votre sac, il semble très lourd, et mon bus arrive dans vingt minutes. » Elle refusa son offre d'un geste de la main et se dirigea vers le couloir de sortie pour piétons. Sa main droite tenait la sangle du sac avec fermeté, tandis que son autre main libre se balançait avec nonchalance le long de sa cuisse.

Il la regarda s'éloigner, le parking puait toujours, mais plus fort cette fois-ci.

3

Eddy habitait déjà Cold Street en 1989.

Il s'était pointé deux ans plus tôt avec deux sacs de sport cradingues et une casquette « Alice Cooper » vissée sur le crâne. Un large sourire aux lèvres laissait deviner une mâchoire de traviole et deux dents en moins sur la partie supérieure. Il eut les cheveux longs, blonds, bruns, blancs, courts. Il souriait, se fâchait et dormait comme s'il était ivre en permanence. Tout le monde a vu ce type une fois dans sa vie. Eddy.

Les jours de beau temps, les voisins, allongés sur leur terrasse, regardaient avec méfiance sa bicoque fermée et ses volets qu'il n'ouvrait pas. Ils savaient qu'il était derrière, et qu'il s'en foutait si la musique était trop forte, si ça sentait le hot-dog brûlé à cent mètres à la ronde, et si des tessons de bouteilles de bière jonchaient son paillasson. Le soir, il chantait des trucs barges, avec des accords tordus inventés sur une guitare invisible. Une guitare à huit cordes. Quelque part là-haut, Dieu et ses boniches se fendaient le citron. Alors il balançait son manche imaginaire en l'air et le Barbu se le prenait dans l'œil ; Eddy se gondolait comme un dingue, les deux bras sur ses côtes d'ex-héroïnomane, avec un sourire de malade, le sourire du Joker dans les *comics* Marvel, et partout sur Cold Street, on entendait le fou s'en donner à cœur joie.

Un type assez secret. Il racontait des salades à la pelle, des histoires invraisemblables ; derrière les volets clos, sa lumière brillait toute la nuit, et lui dormait la journée, ou le soir, ou jamais, un jour oui, un jour non. Parfois, il s'asseyait sur son perron, une bière posée en équilibre sur les marches à moitié défoncées, un vieux cahier de brouillon à carreaux bleus sur les genoux, et il écrivait pendant des heures, au crayon à papier, la tête baissée, les narines sifflantes, muet comme une carpe. Il dessinait des robots dans les marges, des robots à l'ancienne, avec des bras et des jambes énormes, et des yeux violets tout ronds. Il disait que ces machines pouvaient se transformer, en grille-pain, en bouteille de Coke, en voiture, en aspirateur. L'un d'eux pouvait même prendre l'apparence d'une Fender Stratocaster dédicacée par Hendrix. Quand les cahiers étaient remplis, il les balançait aux ordures ou s'en servait pour allumer son barbecue.

En 1999, une nana s'est pointée.

Mrs McKenzie, la voisine, venait juste de sortir ses trois sacs-poubelle soigneusement fermés par des nœuds à deux boucles en forme de fleur quand elle vit la créature passer devant chez elle, la tête haute, les épaules en arrière, un sourire de statue sur son visage bronzé. Une bombe, comme dans *Penthouse*, en plus habillée, et moins siliconée. Une déesse, collants léopard et cheveux de soie lâchés sur la nuque.

Des yeux marron clair. Un vrai et un faux. Elle avait perdu le droit à l'âge de dix ans, en se battant contre un grand à la cantine. La fourchette avait percé sa rétine comme un ballon d'anniversaire, et l'autre avait crié de terreur en la regardant tâtonner sur le carrelage beige du bâtiment. N'empêche qu'on n'y voyait que du feu. Elle avait un œil de verre, de grands pieds et des mains très fines. Elle pouvait se retourner les phalanges sans problème, et le faisait parfois, pour impressionner les curieux. Kristina n'avait rien de la jeune et jolie nana nouvelle génération. Elle portait des T-shirts longs et des pantalons sans poche ni ceinture. Elle parlait très vite, sa langue claquait contre ses dents. Kristina lisait des bouquins d'auteurs européens dont elle ne retenait que les dates et types de décès.

Cette nana avait du courage : elle couchait avec Eddy, l'emmenait en balade et cuisinait du poisson deux fois par semaine, en sachant qu'il n'aimait pas ça. L'histoire n'a duré que trois mois, mais Mrs McKenzie en a entendu des assiettes se briser chez les voisins. Un vrai boucan d'adolescent, des coussins partout, du rock'n'roll en pagaille du matin au soir et des jets de bière à gogo. Ils se sentaient bien en criant, en bougeant l'un contre l'autre, l'un sur l'autre.

Kristina était monitrice dans une auto-école. Parfois, elle gardait des mômes chez une famille riche et chrétienne, propriétaire d'une maison de maître hors de la ville. Une fois par mois, elle cuisinait des repas gigantesques pour un restaurant mexicain spécialisé dans les soirées à thèmes. Les trois quarts du fric qu'elle gagnait finissaient dans une boîte, une grosse boîte en fer cadenassée. Elle voulait se payer une maison au bord de la mer, en Australie, ou sur une île déserte d'Océanie. Et Dieu sait si elle en conduisait des bagnoles pour imaginer une seconde qu'un jour, elle pourrait boire un mojito les doigts de pied en éventail, à l'ombre d'un cocotier. Elle aimait Eddy, parce qu'il ne faisait pas d'histoires pour connaître ses aventures passées, et Eddy l'aimait, parce qu'elle ne lui demandait jamais de lui dire « je t'aime » après le sacro-saint orgasme du vendredi soir.

La prison, elle savait à quoi ça ressemblait. Kristina y était restée quarante-huit heures le jour où les flics l'avaient arrêtée au volant de sa voiture de fonction. Manque de chance, un de ses élèves, Sirius, étudiant en droit social, avait fait tomber une boulette de shit sous le siège avant, côté passager. Les deux fonctionnaires en uniforme lui avaient proposé un marché pour qu'elle puisse repartir sans amende. Kristina avait refusé. Quarante-huit heures aux côtés d'une pute au grand cœur et d'un camionneur soupçonné de viol. Le patron de l'auto école était venu récupérer la voiture et son employée, quant à Sirius, son vieux lui avait passé la raclée de sa vie après le coup de fil des flics. Depuis, elle avait eu droit à tout un tas d'embrouilles : serveuse dans un bar échangiste où les échanges devenaient parfois un peu musclés, vendeuse dans un vidéoclub où une bande d'exhibitionnistes prépubères venaient s'astiquer devant les pochettes des vidéos X.

Et puis, il y avait eu Eddy.

Un jour, en arrosant ses fausses plantes, Mrs McKenzie l'aperçut, assise sur le perron, pieds nus et cheveux défaits. Relevant la tête, la voisine vit ce qu'elle tenait dans sa main droite : son œil. À la place de l'orbite, un trou béant, pas vraiment dégoûtant, semblait faire un sentier rougeâtre menant jusqu'à ses cellules nerveuses. Mrs McKenzie poussa un petit cri d'horreur, manqua de renverser son arrosoir à carreaux fuchsia et s'engouffra dans le garage en tremblant. Kristina sourit légèrement, l'œil rivé sur la bille de verre qui roulait dans sa paume : un coup à droite, un coup à gauche, comme une balle de flipper. C'était plutôt lourd, et Kristina savait que les autres ne pouvaient pas imaginer ce qu'elle ressentait en ayant cette boule verdâtre entre les paupières. Comment peut-on jouer la partie avec une carte en moins dans son jeu ? Il suffit simplement de garder son atout bien en main, et de l'abattre au dernier moment, quand tout le monde croit que vous allez vous coucher, dépouillé. Il reste toujours une tête, et King Arthur, avec son sceptre, n'a pas besoin de ses deux yeux pour rafler la mise. Kristina le savait, et du jeu, elle en avait pour trois. Le jour de son départ, on aurait dit une reine, une reine qui laissait son valet de pique à ses bières, et partait rouler des mécaniques sur toutes les routes des États-Unis.

« Il suffit de coucher avec une femme pour avoir la preuve que Dieu existe. Il n'y a que lui pour avoir eu la divine idée de faire une paire de fesses, on peut y poser les deux mains à la fois. »

Il avait un crucifix accroché au-dessus de son lit, et chaque fois qu'il posait ses paluches sur le popotin d'une nana, il remerciait Dieu d'un clin d'œil. Eddy croyait ferme au Saint Gugusse du Dernier Étage, mais seulement quand ça l'arrangeait. Parfois, il piquait des paquets de céréales au supermarché, et en refilait aux premiers gosses venus. Mais derrière tout ça, Peter Moche avait besoin de se dire qu'il y avait un aristo là-haut capable de le juger, capable de dire si ce qu'il faisait était bien ou mal, et de le punir si besoin était. Eddy ne croyait pas en la sagesse des hommes, ni en la justice, la balance et tout ça. Mais il mangeait du poisson le vendredi à midi, ne trompait pas sa copine (il en changeait souvent), et se postait devant l'église, sous le marronnier, le dimanche matin, pour dire bonjour à son vieux pote de loin, sans se mêler à la foule des adeptes qui chantaient faux à l'intérieur. Ce type était en avance sur son temps, ou tout simplement, à côté de son temps. D'ailleurs, il racontait à qui voulait l'entendre que les Ramones lui avaient tout piqué. Eddy n'était pas un mec bien. Avec Kristina, ça n'a pas duré, la jolie coquine a pris son sac, son œil et bon vent, personne n'a plus jamais entendu parler d'elle.

À part la petite.

Elle recevait des cartes postales de temps en temps, des lettres qu'elle ne montrait pas à Eddy. Ils passaient des heures, des journées entières ensemble, à boire des Coke dans des bouteilles en verre, à parier sur tout et n'importe quoi, à trouver des combines pour qu'elle se fasse un peu d'argent. La petite voisine, avec ses cheveux blonds, ses T-shirts imprimés et son skateboard, avait connu Eddy mieux que personne. Et d'ailleurs, le vieux avait trouvé en elle ce qu'on lui avait refusé tout au long de sa vie : elle était devenue, au fil des années, un moyen de racheter ses fautes, de faire ressurgir ses foutus robots de toutes les couleurs, d'avoir enfin quelque chose à dire, quelqu'un à protéger. Eddy l'avait trouvée par hasard, en face de chez lui, au 31, Cold Street, et elle, elle l'écoutait jouer de sa fausse guitare, elle mangeait ses hot dogs brûlés et faisait des collections d'autocollants Batman. Elle avait de chouettes parents, mais Eddy ne leur parlait pas beaucoup : la mère était plutôt mignonne, elle portait de larges rubans colorés pour tenir ses cheveux en arrière. Le père était un homme silencieux, il portait des chemises à carreaux et écoutait en boucle les chansons de Gene Vincent. Rien d'autre, mais Eddy savait qu'ils pouvaient être fiers, parce que leur fille, en plus d'être jolie et dégourdie, réussissait à le rendre meilleur.

Tout a commencé très tôt entre eux.

Un matin d'août, ils partagèrent leur premier verre de Cherry Coke. Eddy était sorti ramasser son courrier, et la gamine était dans le jardin, assise sur l'herbe ; les jambes nues pliées en tailleur, elle jouait avec une coccinelle qu'elle appelait Miss Monde. Elle ne voyait pas qu'Eddy l'observait, et, au bout de dix minutes, il alla dénicher deux bouteilles dans son frigo et invita la gamine à siroter un Coke. La coccinelle fut reposée avec douceur dans l'herbe, et la petite, pieds nus, atteignit le perron du voisin en prenant soin de ne pas marcher sur les cailloux. Sa mère avait eu le pied transpercé par un clou dans son enfance, et elle ne tenait pas vraiment à renouveler l'expérience.

Elle n'avait pas encore atteint l'âge de raison. Le lendemain, ils prirent le petit déjeuner ensemble, sur le balcon, avec le chat sous leurs pieds pour lécher les gouttes de sirop d'érable sur l'escalier en béton. Eddy avait acheté des crêpes et des muffins au chocolat et la petite avait amené des boîtes de jus de fruits avec des animaux dessinés sur les couvercles. Elle avait choisi celui avec une girafe à pois rose et Eddy, après mûre réflexion, avait opté pour celui avec un furet à truffe verte.

En face, les parents de la petite dormaient profondément. Ils terminèrent leur déjeuner en rotant très fort, tandis que Cold Street s'éveillait lentement, noyée dans l'odeur du soleil et du goudron fondu.

4

Eddy est mort en avril.

DEUXIÈME PARTIE

LES PETITES FILLES AIMENT-ELLES LE POISSON CRU ?

1

Pour certains, je serais capable de me mettre un pruneau entre les deux yeux. Eddy par exemple.

Je suis née en serrant très fort mon pouce dans ma bouche. Quand je l'ai sorti, le sang coulait sur les draps, et ma mère l'a nettoyé avec un torchon bleu et blanc tout neuf. Mon père pensait que je m'étais coupé un doigt. Après ça, j'en ai vu défiler des torchons, de toutes les formes, de toutes les couleurs, j'en avais un dans la bouche en permanence. Habituellement, il servait pour la vaisselle, et des odeurs de calcaire et d'orange industrielle émanaient du tissu. Un jour, je suis tombée malade, j'ai vomi ma bile sur la queue du chat, il n'a même pas miaulé. J'ai arrêté le torchon, et repris le pouce.

Le vieux est mort, et je regarde la rue en pensant que j'aurais mis ma tête sous l'eau pendant plus de trois minutes et demie s'il me l'avait demandé. Au lieu de ça, j'ai continué à sucer mon pouce, à regarder sa maison fermée et ses volets qu'il n'ouvrait pas. On savait qu'il était derrière. Maintenant, il doit y avoir des toiles d'araignée et des restes de livres, une chaussette, une pantoufle trouée, une photo de lui avec quelqu'un que je ne connais pas.

Eddy parlait. Je ne l'écoutais pas, et tout allait bien entre nous. Ça a duré longtemps. Il parlait de tout et de rien, et je répondais à côté de la plaque. Il riait et me disputait gentiment.

En maternelle, j'ai appris à écrire mon nom, puis le sien, à dessiner les oreilles de mon père, et le logo Marlboro. Un jour, pour rigoler, j'ai coupé mes cheveux avec des ciseaux de gaucher rouge vif, et Eddy m'a emmenée chez son coiffeur privé le soir même. Je suis rentrée à la maison avec une crête bleu et jaune sur le crâne. Il se fendait la poire sur son balcon, pendant que je faisais des grimaces en battant des mains. Après, j'ai eu la tête rasée et un bandana à pois en attendant la repousse. Les gens me prenaient pour une petite-fille de clocharde. Mon premier job. Je gagnais des sous, juste en marchant dans la rue. Je passais, les vieux s'arrêtaient, ils disaient « la pauvre petite », et je repartais avec des bonbons, des billets, des numéros de téléphone pour les services sociaux. Une vieille dame m'avait même proposé de rester chez elle si je le voulais. J'ai dit oui. Après j'ai dit non, à cause de mes parents. Eddy se marrait en me voyant rentrer le soir, les mains pleines. Il me servait un Coke, nous comptions les pièces en faisant des piles de petite monnaie et je mettais tout de côté. Pendant un mois, j'ai gagné environ dix dollars par jour. Au total, ça en faisait un peu plus de trois cents, que je n'ai jamais utilisés. Une liasse de billets tout froissés pliés en cinq, rangés au fond d'une boîte en carton avec la marque de mes toutes premières baskets de sport imprimée. Un lion, ou un guépard, avec la gueule grande ouverte. Et dedans, mes trois cents dollars qui me serviront à payer le gugusse sur le Styx. J'aurai la meilleure place sur le paquebot, aux premières loges.

J'ai su faire des petites affaires assez tôt, avec les moyens du bord. J'étais fière, Eddy aussi, et mes parents aussi, sauf qu'ils ne me l'ont jamais dit.

Les cheveux ont repoussé quand même. Eddy voulait recommencer le coup de la crête, mais après réflexion, ça aurait paru louche. Et je n'en veux pas à mes parents. Ils ont fait ce qu'ils avaient à faire, du mieux qu'ils le pouvaient. Jamais je n'ai eu à insulter ma mère, à demander de l'aide au premier connard venu, jamais je n'ai vu la lune briller couchée sur un banc du parc. Alors j'ai dit non quand Eddy a commencé à sortir une bombe à cheveux couleur vert fluo. Il fallait trouver autre chose. Et ça a été facile.

Mes parents m'avaient offert une paire de tennis toutes neuves, flashy, avec des bandes vertes, jaunes et noires, à cause de Bob Marley, et des T-shirts à son effigie qui s'entassaient dans toutes les armoires de la maison. Le jour de mon anniversaire, mes cinq ans, ou peut-être six, j'ai ouvert avec précaution la fameuse boîte et j'ai caressé la gueule grande ouverte qui me montrait ses crocs sur le carton recyclé. Ces chaussures n'avaient pas coûté très cher, mais personne ne pouvait avoir les mêmes, surtout pas à mon âge, les parents bon chic bon genre préféraient les Koods. J'aurais pu faire dix fois le tour de la ville en courant avec ces nouvelles baskets. Et j'ai décroché mon deuxième job le lendemain, dans la cour de récréation.

Ils portaient tous ces Koods minables, bleues, rouges, blanches ou noires. Mes baskets, c'était la cerise qui faisait déborder le panier. Ils m'ont encerclée dès que je suis entrée dans la salle. Tous les mômes voulaient les mêmes, alors je me suis dit qu'ils seraient prêts à tout. Un des plus petits, avec un nom à la noix, Tom ou Tim, regardait les lacets tricolores avec du feu dans les mirettes. « Je te les laisse pendant dix minutes. – Vrai de vrai ? – Oui, mais je veux quelque chose en échange. » Voilà. Tous les jours, ils arrivaient avec des billes, des autocollants, de la petite monnaie. Plus ils donnaient gros, plus longtemps ils pouvaient garder les tennis aux pieds. Ils adoraient se pavaner avec, prendre les poses de rappeurs ou d'actrices de cinéma. Je rentrais le soir, les poches pleines. Eddy attendait sur le balcon. Je n'aimais pas trop les images autocollantes, à part celles de Batman, mais j'avais déjà terminé toute la collection, je devais même l'avoir en double. Tous les autres super héros avaient l'air vraiment naze à côté de la chauve-souris, mais je gardais quand même les vignettes, et je les lui donnais. Il commençait à avoir une belle collection le jour où mes parents se sont retrouvés dans le bureau du directeur de l'école publique. Il avait eu vent de ma petite combine et invoquait les dieux tout-puissants en employant des mots comme « racket », « pathologie », « trafic » pour qualifier mon pseudo-bizness. Mes parents n'ont rien dit, mais personne n'a jamais revu ma jolie paire de groles à l'école : les gamins boudaient et traînaient leurs Koods sous les porches, à la recherche d'une bille perdue ou d'un tag obscène gravé au cure-dent. J'avais gentiment gagné une petite centaine de dollars, mais ce n'était pas assez. Si ce con de directeur n'avait pas fourré son pif dans mes finances, j'aurais pu faire marcher l'affaire jusqu'au collège et gagner de quoi payer une cartouche de Marlboro à Eddy, un nouveau T-shirt de Marley et des chocolats aux fruits pour mes vieux.

Je ne faisais rien de mal. Et les autres, ça les arrangeait bien. Petits merdeux. L'histoire n'avait duré que quelques semaines, le temps de remplir encore la boîte, et de regarder mes pantoufles de vair pourrir au dernier étage du placard à vêtements. Même en montant sur une chaise, je ne pouvais atteindre la semelle des précieuses chaussures. C'était trop simple, trop simple pour qu'on me fiche la paix. Plus on vit simplement, plus on vous le reproche. En tout cas, Eddy était bien d'accord avec moi, il s'était même proposé de prendre rendez-vous avec Monsieur Le Dit-Rectum, comme il l'appelait. Il pensait qu'une entrevue privée, en fin de semaine, à une heure avancée de la nuit dans un coin reculé d'une ruelle déserte l'aiderait peut-être à changer d'avis. J'ai dit non.

Le Dit-Rectum, je l'ai haï toute ma scolarité, et il me le rendait bien. Mais je m'en fous, il est parti les pieds devant, étouffé par un sandwich au beurre de cacahuète. C'est aussi ridicule que les sanctions qu'il prenait contre les mômes. Le jour où j'ai appris son décès, j'ai fait un *smiley* sur le calendrier, avec une crête sur la tête. J'ai même ressorti mes baskets, qui devenaient trop petites, et je me suis pointée devant chez lui. Il y avait des bagnoles avec des vitres teintées. J'ai fait le signe de croix, et j'ai craché sur la boîte aux lettres, qui allait bientôt recevoir tout un tas de « Condoléances » et de « Cercueil en acajou, prix imbattable ». Pauvre madame, trouvez vite un amant, et oubliez ce fumier. Je suis repartie quelques minutes plus tard, avec une drôle de sensation dans l'estomac. Peut-être commençais-je à croire qu'il ne fallait jamais souhaiter la mort des gens, sauf si on le faisait de façon courtoise. En chemin, j'ai croisé un pasteur, deux chiens, quatre gamines blondes et trois couples main dans la main dont deux nanas ensemble. Ils semblaient ne pas être au courant, et je ne les connaissais pas. N'empêche que j'ai dit « bonjour » à tous, même aux clébards. À cause de cette sensation de départ inattendu qui flottait dans l'air. En ouvrant la porte de la maison, j'ai surpris mon père et ma mère en train de s'embrasser. Je me suis fait petite crevette, et j'ai attendu que ça passe. Les vies sont courtes. Autant ne pas les gâcher. Du moins, pas trop vite.

J'avais passé l'âge de raison sans m'en rendre compte.

En fin de semaine, je piquais quelques pièces dans la boîte et j'achetais des sachets de bonbons pour les jours suivants. Le vendeur commençait à me connaître, il savait à quelle heure j'arrivais, il entendait les pneus de mon vélo crisser sur le trottoir devant son magasin. J'achetais des sucettes, du nougat, des réglisses.

La réglisse.

La première fois que j'ai vu les rouleaux bien empilés les uns sur les autres dans le box en plastique, j'ai pensé avoir trouvé un nouveau boulot. J'ai toujours détesté le goût de la réglisse, à cause d'un médicament que ma mère me faisait prendre quand j'avais la voix cassée et les globules en berne. Elle, elle adorait ça, elle en dévorait quand elle était petite, sur les stands des fêtes foraines. Bref, j'en achetais quand même, et les revendais le double du prix, aux gamins habitant dans les fermes reculées de l'État, ceux qui passaient leur journée à balader les poules en chantant grave et faux. Ils n'allaient jamais en ville, ils ne connaissaient pas les prix, du moins, pas ceux des bonbecs. Chez eux, la vie se comptait en tarte, en vache, en fumier. Je prenais mon vélo le dimanche et je pédalais la journée entière pour faire ma tournée. Ils sortaient sur le perron, j'ouvrais mes sachets en plastique et ils me donnaient les sous. Je faisais six ou sept fermes comme ça, toutes les semaines. Cinq dollars, peut-être six. Ça faisait presque trente dollars au mois, plus si je rapportais du rab de nougat. Sauf que berner les gens, ça marche jusqu'au moment où ils deviennent juste assez cons pour s'apercevoir de l'arnaque. Et les gamins ont fini par grandir et faire du vélo et de la mob'. Ils ont découvert la ville, la réglisse pas cher, et j'ai dû me planquer chez Eddy pendant une semaine pour éviter de finir comme Le Dit-Rectum. Mais l'affaire avait duré plus longtemps que les fois précédentes, et mon salaire s'élevait en tout à quelque cent cinquante dollars. En petite monnaie. Eddy m'admirait, mes parents souriaient et ne disaient rien, comme d'habitude. Je planquais ma boîte là où je le pouvais. Un jour le chat a pissé dessus, je lui ai mordu l'oreille gauche pour le punir, et ce con m'a griffée. Ma mère nous a trouvés en pleine bagarre et a dit que c'était de ma faute.

Ma boîte sent la pisse maintenant.

2

Ce que je sais d'eux ?

Pas grand-chose. Ils se sont vus pour la première fois sur le parking de la gare routière, la même qu'aujourd'hui, sauf que les murs ont été repeints et les vitres changées après l'orage de 1995. Des grêlons gros comme le poing d'un bûcheron.

Le reste, je n'en sais rien, ça ne me regarde pas. Ma mère avait les cheveux plus longs avant ma naissance, mon père se laissait pousser la barbe. Maintenant, ils ont une maison, un voisin, et une fille.

Markku et Kerrie. Deux atomes en veilleuse traînant protons et neutrons dans tous les cinémas, dans toutes les bibliothèques et vidéoclubs de la ville. C'était avant ma naissance. Lua est arrivée, et les deux tourtereaux ont pris pied dans cette petite ville d'Amérique, avec ses poteaux électriques et ses routes noir et jaune, une petite ville gangrenée de maisons blanches et de jardins carrés où les gosses lancent des balles en plastique à leur labrador, une petite ville parmi les dix mille petites villes que compte le grand continent. Mon père est scientifique, il aime gratouiller les bestioles et rendre leur vie meilleure. Ma mère travaille dans un centre médical, elle s'use les yeux devant un ordinateur neuf. Tous les jours, elle voit des femmes obèses qui lui demandent des rendez-vous pour des liposuccions.

Markku a gardé ses CD de Gene Vincent, il a cuisiné tout un tas de plats en sauce pour les ventres ambulants qui vivaient sous son toit, et les jours sont passés, les uns après les autres, sans qu'un des deux ne claque la porte. Je ne me plains pas, je suis sûre qu'on peut dire qu'ils étaient des « gens bien ». Peut-être auraient-ils été meilleurs s'ils n'avaient pas eu de fille à élever.

Jusqu'à mes sept ans, la maison est restée un havre de paix, une oasis aux fauteuils moelleux, aux matelas épais. À l'étage, j'avais une petite salle de bains pour moi toute seule et une chambre avec des rideaux rouges. L'été, en fin d'après-midi, quand le soleil commençait à descendre, les murs saignaient. Au rez-de-chaussée, la cuisine donnait sur un bout de jardin parfaitement tondu, un barbecue de terre noire pourrissait entre un transat en plastique blanc et des branches de bois mort.

Tout a changé le jour où Markku, revenu plus tôt du travail, a apporté « du rab ». Après ça, mes nuits sont devenues blanches, et mes cernes profonds.

C'était un jeudi. Juin. Une semaine après mon anniversaire. Ce jour-là, j'avais reçu une carte de mon grand-père, avec un chèque dont je ne réalisais pas encore le montant. Ma mère lisait dans le salon, installée dans son fauteuil en cuir roux. Le laboratoire de Markku travaillait depuis quelques semaines sur différentes espèces d'araignées, venues d'Afrique et d'Océanie. C'était comme un cadeau d'anniversaire de bosser sur ces bestioles, elles avaient des ressources encore inconnues qui allaient certainement aider la médecine dans quelques années. Jusque-là tout allait bien, il en parlait souvent, et nous nous regardions ma mère et moi, l'air de dire : « Laisse-le bavasser, ça lui fait du bien. » Les choses sont devenues nettement moins drôles quand il a débarqué ce jeudi-là, une boîte en carton dans une main, un bloc-notes dans l'autre, un immense sourire sur la figure.

« Les filles, j'ai amené du rab.

– Markku, je te soutiens dans ton travail, mais je ne veux pas savoir ce qui se cache dans cette boîte. Ta fille a une peur bleue de ces bêtes-là.

– Ne t'en fais pas, Popeye est endormie.

– Popeye ?

– C'est son nom.

– Le nom de qui ?

– Tu vas voir. »

J'avais tout entendu. La boîte était assez grande pour y ranger deux paires de chaussures, alors je tentais d'imaginer la taille de l'araignée qui s'y cachait. Elle devait être monstrueuse. Mon père a embrassé Kerrie sur le front, puis il est allé à son bureau examiner la bête. En ouvrant le couvercle, il se raidit immédiatement, les yeux rivés sur une patte noire et velue qui dépassait du carton. J'ai supplié ma mère d'aller le voir, de lui demander de ramener l'animal au laboratoire, menaçant de quitter la maison et d'aller fabriquer des tongs en Somalie s'il ne se débarrassait pas de l'araignée géante. Kerrie s'est penchée sur moi et m'a demandé de rester calme, elle était fatiguée, je l'ai toujours vue fatiguée, et Markku n'a rien voulu savoir.

Ce soir-là, il ne prit pas son dîner avec nous, trop occupé à parler à sa nouvelle copine comme s'il s'agissait de sa propre fille. Vers dix heures, ma mère lui demanda de venir l'aider à arroser les plantes vertes de la véranda. Il lâcha sa pince et son stylo, et le carton resta ouvert, sur le bureau, en pleine lumière. Je n'ai pas pu résister. Il y avait toujours cette patte immense et velue, formant un drôle d'angle cassé, terminée par une espèce de coussinet plus clair et moins poilu. Malgré moi, je me suis approchée. J'ai mis mes deux mains sur ma bouche. Pétrifiée, je contemplai la bête : c'était une araignée énorme, avec un corps ovale et une tête plus petite. Ses huit pattes écartées prenaient toute la place, on l'aurait crue prête à attaquer un cheval, tant elle paraissait sauvage et meurtrière. J'ai réprimé mon envie de vomir, de pleurer, de crier, ou peut-être les trois à la fois, et j'ai tourné les talons. L'escalier menant à ma chambre était au bout du couloir, il fallait cinq ou six pas pour m'arracher de ce monstre aux poils longs, durs et cassants. J'avais l'impression de sentir son gros corps derrière moi, d'entendre son souffle dans ma nuque, comme si ses deux crochets allaient m'embrocher et m'enrouler dans son fil. Devant l'escalier, je me suis sentie obligée de jeter un dernier regard sur la boîte.

J'ai tourné la tête. Encore une fois, puis une deuxième, puis une troisième. Je ne vois plus la patte qui dépasse. Je m'approche, les yeux pleins de larmes, les veines pleines de peurs, et je m'effondre. La boîte est vide. Vide. Rien, pas de corps, pas d'araignée, pas de poils, aucune des huit pattes n'était restée à sa place.

Popeye avait pris la poudre d'escampette. À présent, elle se cachait quelque part dans la maison, guettant les allers et retours des uns et des autres, à l'affût. Elle pourrait donc se promener sur mon visage la nuit, me mordre, tisser ses toiles dans tous les recoins, sous les armoires, dans la penderie. La boîte était vide, avec la lampe allumée juste au-dessus, le bloc-notes sagement posé à côté, un stylo plume Montblanc couché en travers de la feuille à petits carreaux.

Pendant deux jours, Kerrie et Markku ont retourné la maison à la recherche de Popeye. Ma mère le faisait pour calmer mes sanglots, et aussi parce qu'elle n'était pas rassurée, et qu'elle n'osait pas l'avouer. Markku était triste : c'était un cobaye professionnel, et il devrait le ramener un jour ou l'autre. Par chance, l'espèce n'était pas dangereuse, c'est la seule chose qu'il fut capable de dire pour me rassurer. J'étais à moitié morte de peur, je ne voulais pas bouger, fixant les murs en permanence, croyant la voir venir. J'hallucinais, je criais. Kerrie cherchait en vain un moyen de me calmer, elle prenait mon père à part dans la cuisine pour lui parler, lui demandait de faire venir un collègue expérimenté à la maison, et Markku disait : « Laisse, ça lui passera. »

Ils ont capitulé après avoir inspecté le grenier, où une multitude de petites araignées aux pattes très fines se cachaient. Popeye avait trouvé une planque, et mes parents, malgré toute leur bonne volonté, ne pouvaient pas mettre la main dessus.

Mon père a donc eu une discussion avec son directeur de laboratoire. Celui-ci décréta que ce n'était pas si grave, qu'il fallait juste signaler la disparition à son supérieur.

Kerrie tenta une bonne vingtaine de fois de me rassurer en me disant que Popeye avait dû quitter la maison depuis longtemps, que les grosses bestioles ne restaient pas dans les lieux clos, qu'elles préféraient la nature, les champs, les granges.

« Grosses bestioles. »

Je pleurai de plus belle. Kerrie me laissa seule dans ma chambre, et dès qu'elle eut refermé la porte, j'eus l'impression de voir la mygale derrière chaque meuble. Je l'imaginais sous mon lit, en train de tisser, je la voyais grimper au plafond, avec ses immenses pattes de mère destructrice. Je pleurais, je bouffais mes doigts, me recroquevillant dans les coins. Si j'ouvrais un tiroir, j'avais immédiatement l'image de ce gros corps velu jaillissant d'entre les planches. Si je me couchais, je la voyais se glisser entre les draps, ses immenses pattes frôlant mes petites jambes blanches. Ma vie devint un véritable enfer. Je ne voulais plus manger, je prenais des calmants. Markku restait de marbre, tentant parfois de m'expliquer par A plus B que je n'avais rien à craindre, que « ce n'était pas la petite bête qui allait manger la grosse ». Je répondais immédiatement, expliquant à l'aide de formules mathématiques sûrement fausses, que Popeye se déplaçait cent fois plus vite que moi, et que son venin, s'il immobilisait une ruche entière comme l'expliquaient les notes de mon père, pouvait largement me priver de ma main droite. Il me félicita pour mon esprit cartésien, et me pria gentiment de terminer mon repas, ce que je refusai, dégoûtée à l'idée de voir Popeye se glisser dans mon assiette, et laisser traîner ses gros poils entre les frites grasses et épaisses. Ils ne comprenaient pas. Markku surtout. Ma mère restait calme, mais je sentais qu'elle avait peur. Sauf qu'elle pouvait se contrôler. Pour eux, la phobie n'existait pas, ce n'était « qu'un pur mécanisme de l'inconscient lié à une terreur enfantine ». Kerrie n'avait jamais eu vraiment peur de quoi que ce soit, elle me disait qu'elle ne comprenait pas mon comportement, elle me tenait dans ses bras des heures entières et dès qu'elle partait travailler, j'hallucinais. J'étais seule, cloîtrée entre les murs d'une grande maison où Popeye guettait chacun de mes gestes, dans le but de me surprendre au moment où je m'y attendais le moins. Je ne dormais plus la nuit, je faisais des cauchemars terrifiants desquels il m'était impossible de m'échapper. Partout dans la maison, l'image d'une araignée géante, velue, noire comme la mort, accompagnait chacune de mes pensées, m'empêchant toutes distractions, tous loisirs.

Au bout d'un moment, n'y tenant plus, j'ai demandé à Eddy de me sortir de là. Lui aussi avait une phobie : les miroirs. Il craignait son reflet plus que tout. J'ai pris mon duvet, ma brosse à dents, et j'ai passé une semaine chez lui. Ma mère pensait que c'était peut-être la meilleure chose à faire. Ils ont quand même discuté un long moment avec Eddy avant de me laisser déménager mes affaires.

Le soir, il me racontait toutes les peurs les plus extravagantes qu'il connaissait chez ses amis : l'un craignait les canards, l'autre la pluie, un troisième s'était évanoui à la vue d'une girafe lors d'un voyage en Afrique. Sans compter tous ceux qui flippaient dès qu'une femme passait le pas de la porte. Mais ça, « c'est un problème très ancien. Il en faudrait des chiffres pour le résoudre ». Mes parents m'ont laissée sept jours, sept nuits pendant lesquelles j'ai prié Dieu de toutes mes forces pour qu'en rentrant, je n'aie plus peur de la grande bête, et le soir du septième jour, en remontant l'escalier à l'épaisse moquette sombre, j'ai senti que rien ne serait plus comme avant, que cette maison, cet escalier, cette chambre, tout porterait la trace d'une peur incontrôlable et incontrôlée.

Je n'ai jamais réellement revu cette foutue Popeye, mais chaque soir, je me suis endormie avec la conviction qu'elle devait se fendre la poire, en se disant qu'au moins, quelqu'un pensait à elle sur la terre. Elle, qui n'était au départ qu'un simple animal de laboratoire, était devenue l'objet de toutes les peurs, de toutes les angoisses d'un être humain. D'un coup, le mouvement de ses pattes et ses angles biscornus n'avaient plus aucune importance ; ce qui comptait, c'était sa présence, son ombre gigantesque sur les murs blancs, et ces cauchemars, cette dimension parallèle qu'elle avait réussi à créer en s'échappant de son habitacle. En une seconde, Popeye avait changé le cours des choses. Peu à peu. Elle avait tissé sa toile, filant doucement, les pattes étendues, rapides et silencieuses, elle avait grandi dans ma tête. La Grande Araignée.

Pendant sept jours, j'ai cru dur comme fer qu'il était possible de la vaincre, de l'effacer complètement, et d'oublier ses longs poils immobiles. J'ai cru que je pouvais, grâce à une volonté farouche qu'ont généralement les petites filles, donner un coup de balai et arracher sans problème les fils qu'elle avait soigneusement tressés là-haut. En remontant à la maison, je dus admettre qu'il était impossible de vider mon esprit, et que la Grande Araignée, bien installée dans ses nouveaux appartements, ferait durer le plaisir le plus longtemps possible. En l'apportant à la maison, Markku avait ouvert une brèche dans ma boîte crânienne, et c'était son « bébé » qui en avait profité pour infiltrer chacune de mes petites cellules grises, les enveloppant comme des mouches à moitié crevées, les faisant rouler sur elles-mêmes, encore et encore, jusqu'à les transformer en d'informes momies gluantes pendues dans mes deux hémisphères.

Des bouffées de colère se mirent à bouillonner en moi à chaque fois que je l'entendais siffloter gaiement dans la cuisine. Mes yeux devenaient rouges, je mordais mes lèvres pour ne pas lui sauter dessus, et ma mère le voyait, elle posait ses deux mains sur mes épaules et pressait ma peau comme une orange mûre, elle me prêtait ses bandeaux colorés, elle m'achetait de la réglisse, elle m'emmenait manger des pilons de poulet frits pour me faire oublier Popeye. Elle voulait que je sois heureuse : en rentrant du travail, elle préparait du pain perdu et montait dans ma chambre m'apporter mon goûter. Et chaque fois, elle me trouvait sous les couvertures, terrifiée, immobile. Ses yeux me fixaient avec tristesse, elle posait l'assiette sur ma table de chevet et me tirait du lit par les épaules.

Mon Suédois de père n'a jamais compris ce qu'il avait créé et anéanti chez sa fille, mais depuis ce jour, quelque chose agonisait sur place, tandis qu'une autre personne naissait doucement, quelqu'un qui allait ne plus croire en Dieu, quelqu'un qui saurait avoir peur comme une grande, sans pleurer ni faire de tapages ridicules. Tout ça à cause d'une mygale, tout ça à cause de la Grande Araignée.

Markku évita de ramener du travail à la maison. Kerrie ne regardait plus les documentaires animaliers quand j'étais là, et la vie familiale semblait avoir pris une nouvelle teinte. Pastel. Un vieux rose qui ternissait peu à peu, puisque je refusais parfois de parler, de manger, de rire. Ce qui était né en moi, je le devais à mon père, endormi sur ses principes, oubliant qu'en ce monde, les gens ne vivent pas pour calculer des théorèmes en permanence. Il avait flingué en un rien de temps tout ce qui fait qu'une gamine est une gamine, mais pour comprendre ça, il aurait fallu que Père Markku ouvre grands ses yeux et détourne le regard de sa fichue boîte en carton percée de trous. Sœur Popeye s'est fait la malle pour venir se loger là-haut, blottie dans ma pâte à cervelle, ses huit membres serrant mon crâne jusqu'à l'étouffer.

Je n'avais plus confiance en lui. Le reste, ça ne le regarde plus.

3

La cour ressemblait à un vaste terrain vague crasseux, jonché de corps adolescents, encore informes et dénués de toute beauté.

À droite, une petite dizaine de gothiques, filles et garçons confondus, se remaquillaient tant bien que mal, l'œil poussiéreux rivé sur un miroir de poche. À l'opposé, un petit gang de mini-rappeurs, joggings blancs et casquettes imprimées, jouait au foot, et chaque fois qu'une des deux équipes marquait un but, une injure montait dans le ciel et tout le monde tournait la tête vers eux. À gauche, pêle-mêle, quelques skateurs et deux ou trois babas cool affirmaient que John Lennon s'était suicidé, et des rockeurs en jean clair (ce n'était pas encore l'époque des pantalons cigarettes et des chaussures fines à lacets blancs) se trémoussaient en rythme sans porter de lunettes Ray-Ban. Tout ce petit monde se mélangeait sans vraiment rester ensemble, et au milieu de la cour, entre les arbres à moitié morts et les lignes blanches de course à pied tracées à la craie, grouillait la multitude des autres, Keds aux pieds, le visage couvert d'acné purulent et tenace. Des mômes sans projets, présents par obligation, parce que l'école était gratuite et qu'ils ne voulaient pas mourir trop bêtes. Ceux-là portaient des vêtements ternes, unis, sans imprimé. Les filles avaient des bijoux discrets qu'elles achetaient à bas prix dans les magasins de seconde zone, et leurs cheveux étaient tirés en arrière ou retombaient par paquets sur leurs yeux grossièrement maquillés. Les garçons n'étaient pas musclés, ils se rasaient le crâne une fois par an pour jouer les durs, et leurs visages étaient marqués par les soirées interdites dans les bars du fond de ville. Ils étaient un peu plus de mille, et tous se regardaient en coin, l'air de vouloir arracher au voisin ce que la vie ne leur avait pas donné.

Les plus chanceux étaient ceux qui arrivaient devant l'établissement le walkman dans les oreilles. Insolents, ils n'enlevaient leurs écouteurs qu'une seconde avant d'entrer en classe. C'était les frimeurs, gentils, mais vraiment benêts. Leurs notes ne décollaient pas, ils n'étaient pas spécialement bons en sport ni en musique, mais ils portaient en eux une impertinence et une beauté adolescente qui leur donnaient toutes les chances d'être admis partout où ils allaient. On les admirait, à cause de ce je-ne-sais-quoi de naissance, ce don inné d'être là, d'être remarqué sans ouvrir la bouche. Ce pouvait être un visage parfaitement dessiné, de jolies mains, un regard très clair ou au contraire des sourcils sombres, un œil implacable. Chez eux, tout était joué d'avance : ils réussiraient. Beaux, encore innocents, ils avaient déjà gagné la partie, tandis que les mille autres se traînaient dans la cour, en bons bâtards, luttant continuellement pour ne pas sombrer dans l'oubli et la haine du tout qu'impose l'adolescence dans ses périodes les plus insupportables. Les frimeurs étaient nés sous une bonne étoile, et ils le savaient. C'était inscrit dans le regard orgueilleux qu'ils posaient sur leurs camarades à midi, à la cantine. C'était dans leurs gestes, quand ils passaient à côté d'un pauvre boutonneux, l'effleurant du dos de la main, comme pour l'effacer de leur monde.

Les jours de réunion administrative, ils accompagnaient leurs parents, tenaient leurs bras d'une main sûre et virile, et les mères leur jetaient des regards pleins de fierté et de reconnaissance, à cause de toute cette aura factice qu'ils créaient pour elles, divines génitrices aux seins lourds, mères nourricières d'enfants rois. Si les pères se déplaçaient, les frimeurs se tenaient en retrait, dans l'ombre masculine de leurs supérieurs, les cheveux tirés en arrière, l'air hautain et dur, avec dans les yeux la même insolence, la même sûreté. Imaginez un peu quand ils s'installaient devant les professeurs. C'était théâtral, mais totalement naturel. On les détestait, on les jalousait. Tantôt on chuchotait des horreurs à leur sujet, tantôt on admirait leurs profils et la blancheur parfaite de leurs peaux. Les frimeurs étaient tout simplement les rois du monde, et il suffisait de sentir leur odeur, de voir les coupes parfaites de leurs vêtements pour s'en apercevoir.

Je les ai côtoyés, eux et tous les autres. Dans la cour, je prenais place au cœur de la multitude. Sans intérêt, j'adorais observer ceux qui croyaient en avoir un. Criards, danseurs, amuseurs, bouffons des bacs à sable. En classe, il y en avait toujours qui venaient simplement pour attirer l'attention, ils bougeaient un peu trop, tapaient des rythmes sur le bord de la table, sifflaient doucement une fille qui ne se retournait pas, rouge de honte. L'école était un univers avec des règles strictes imposées chaque année par les élèves, et celui qui ne suivait pas ces lois pouvait vite rentrer dans son terrier s'il ne voulait pas que sa vie soit un enfer. La cantine était peuplée de « vautours », des garçons qui passaient piquer ce qu'ils pouvaient dans votre assiette, surtout les desserts et les gâteaux. En classe, il y avait les « passeurs » de billets doux, maîtres dans l'art de faire comme si de rien n'était, si le prof posait le regard sur eux au moment où ils faisaient l'intermédiaire entre Jenny et Ronald. Devant le lycée, les dealeurs, les racketteurs, les sportifs ultrapopulaires pelotaient cinq nanas différentes à la seconde et chuchotaient doucement dans l'oreille des plus jolies qu'elles devaient les rejoindre vendredi soir à la maison. Les « blancs », chargés des potins, des rumeurs, des photos compromettantes, se faisaient parfois payer pour colporter la dernière conquête du prof de maths ou la couleur des petites culottes des terminales, si petites culottes il y avait. Ceux-là étaient de vrais emmerdeurs : pour se faire plus d'argent, ils avaient fini par inventer les rumeurs, par poster des vidéos trafiquées avec des articles qui n'existaient pas. Ils savaient se servir des défauts de chacun pour le mettre en pièces les mois suivants. Des vrais crevards, ces « blancs ».

Au milieu de toute cette foule, il fallait simplement rester cool, faire comme si de rien n'était, aller dire bonjour à deux ou trois copains un peu plus importants que les autres, et puis direction la maison, sans discorde, avec l'impression amère de n'être rien d'autre qu'un figurant de passage dans la fourmilière étudiante.

C'est à cette époque que j'ai rencontré Freak. J'avais déjà mon Araignée dans le plafond, mais lui, James Freak, je crois bien qu'il avait pété les plombs depuis longtemps.

J. F.

Il n'était pas président, ni victime d'un attentat en public. Il enseignait une matière bizarre, un truc tout neuf du gouvernement, programme ultramoderne consistant à ne donner que des rédactions aux marmots. Cette heure n'était pas obligatoire, les élèves pouvaient s'y rendre après quatre heures, ils savaient que cela ferait toujours bonne impression sur les bulletins. Sauf que personne n'avait prévu que ce serait un J. F. en herbe qui assurerait ce cours, et je peux vous dire que les parents ont gueulé comme des loups en rut le jour où les notes sont arrivées sur la table de la cuisine. James Freak n'a tenu qu'un an. Après, il s'est fait percer langue et tétons, tatouer fesses et chevilles en maudissant cette foutue ville de ce foutu pays de ce foutu monde. James Freak, nouveau marginal au cœur d'une communauté de zombies en blousons de cuir découpés aux épaules, James Freak, défoncé à la Javel, porteur de tout un tas de maladies encore inconnues, James Freak a pris la route, mais il s'est arrêté en chemin et s'est coulé dans le béton, comme une mouche blindée au LSD qui galère dans la toile de la Grande Araignée.

Je l'ai connu personnellement le jour où il a pissé sur les vélos. C'était avant les piercings et le goudron, c'était quand il y croyait encore un peu, quand il pensait pouvoir décider de tout à n'importe quel moment, quand il croyait comme un boy-scout que sa jeunesse le sauverait, même du Dieu qui lui faisait déjà un bras d'honneur monumental, perché sur son nuage. Je l'ai vu quand il était encore vivant.

Il s'appelait James, il portait des chaussures bleu et rouge, avec des bandes blanches sur chaque côté. James Freak ressemblait à tout sauf à son nom de famille. Certaines filles venaient à son cours simplement pour comprendre comment la terre pouvait accueillir un être aussi physiquement parfait que ce jeune prof aux cheveux blancs. Un prince en jean foncé tout droit sorti d'un Walt Disney mal animé. James avait deux grands yeux, noirs comme du charbon, avec une pupille étincelante qui vous ensorcelait s'il avait choisi de vous prendre comme pote de comptoir, ou qui vous foudroyait si le prince se transformait en *freak* pour vous faire peur jusqu'à ce qu'il change de ville. Par chance, j'étais dans la première colonne, tout en haut, placée juste sous le C de « comptoir ». Le jour où James a refermé sa braguette et où je lui ai lancé, l'air tout à fait détendu, « La prochaine fois, vise le guidon », ses deux flammes se sont tournées vers moi, et j'ai compris que j'avais gagné.

« Toute cette merde à cause d'un sanglier. » Il le répétait chaque soir, à la tombée de la nuit, comme un vieux marabout chez qui l'Araignée aurait eu une tripotée de frangines prêtes à se balader sur les parois fibreuses de sa boîte crânienne. Au début, je n'y comprenais rien, et puis, petit à petit, le voile fut levé. C'était idiot, cette histoire de sanglier, mais la bestiole aux longues dents avait changé la vie du petit James, un après-midi de juillet, alors qu'il se promenait dans les bois.

J. marchait tranquillement. Le sanglier, en piétinant,
Cherchait un peu de viande pour ses petits enfants,
Et sur le chemin de terre qui menait à l'étang
Alors qu'il sifflotait « La réponse est dans le vent »
Le petit J. tout effrayé, sentit les longues dents
Lui arracher l'index, et faire couler son sang.
Le calendrier lui donnait tout juste neuf ans
Et sans doute, comme le disait sa chère maman
Un don du ciel, un cadeau, un vrai talent.
Le petit James jouait du piano comme un grand
Mais dites-moi donc, braves gens
Comment pourrait bien jouer ce pauvre enfant
Avec à la place du doigt, un moignon tout en sang ?

Voilà. Le petit prodige avait fermé son joli piano en revenant de l'étang. James Freak essayait souvent de se rappeler ce qui avait été le plus douloureux pour lui : se faire arracher le doigt ou ne plus pouvoir jouir d'un don qui aurait fait de lui un musicien professionnel ?

« J'ai les boules. » Je comprenais. C'était comme de se faire enlever les baskets au moment où elles vous rapportent gros. En pensant à Freak, je regarde mes mains, et je compte dix doigts propres, pâles en hiver, bronzés l'été, moches à l'automne. Lui, il n'en avait que neuf, et pour un pianiste, y a pas à dire, ça craint. Toute cette merde à cause d'un sanglier. Comme quoi, même ce que Dieu vous donne, on vous le reprendra, à un moment ou à un autre. On ne peut même pas se permettre de roupiller tranquillement, la couronne sous l'oreiller, parce qu'il y aura toujours une vilaine souris pour vous la dérober. Freak comptait sur ses dix doigts, et tout a foiré. Voilà pourquoi, au fil du temps, le petit prodige amputé de son attribut céleste a commencé une lente chute vers les abîmes maléfiques de la vie-de-tous-les-jours. Il est devenu prof, a lu quelques bons bouquins dont il ne se rappelait aucun des personnages principaux. Freak a bu des litres d'une bière infâme en regardant son soleil se coucher sur les touches blanches et noires de son piano à queue, décapsulant des dizaines de bouteilles, les unes après les autres, en se demandant pourquoi ce genre d'embrouille n'arrivait qu'à lui.

Je ne regardais jamais ses mains, elles me dégoûtaient. D'ailleurs, je me demandais souvent ce que les gamins ressentaient lorsque J. F. leur tendait les copies. Ils n'avaient jamais vu ça d'aussi près. Un héros, un vrai de vrai, avec des morceaux de lui disparus dans la nature. Mon Dieu, s'ils avaient su, ils auraient peut-être évité de se faire tout un tas de films sur le pourquoi du doigt manquant. N'empêche que ça lui donnait un certain succès : en plus de ressembler à un personnage de manga, il portait le « mystère du doigt coupé ». Tout un programme. Connaissant la vérité, je me disais qu'il valait mieux la maquiller : James Freak en profitait. Les autres profs étaient jaloux, ils n'étaient ni beaux, ni mystérieux. Voilà la clé de tout : coupez-vous un doigt, crevez-vous l'œil droit et attendez quelques mois. Vous deviendrez le nouveau héros du quartier, Casanova moderne, gentil Valmont, la crème des crèmes. Ça vaut le coup d'avoir mal, non ?

J'ai découvert mon nouvel ami sous l'angle du « je ne dis rien mais tu le sauras quand même un jour parce que tu le lis dans mes yeux », et, surprise, sa vie n'avait rien de trépidant : à part ce léger différend avec le sanglier, James Freak avait connu une enfance et une adolescence des plus banales : compote, chalet, square, camping, éjaculations nocturnes, premier baiser dans la voiture du père de la jeune fille boutonneuse jusque dans le décolleté, bulletins, fugues, puis retour à la maison par la fenêtre de la chambre du rez-de-chaussée. C'était d'une platitude accablante. Il n'avait rien fait d'excellent, il le savait, moi aussi, et nous n'en parlions pas.

Un matin d'avril, J. F. est revenu complètement

défoncé d'une « petite promenade ». Il était temps de regarder les choses en face : à part le piano, ce type était sans intérêt. Je n'étais pas vraiment sûre de l'aimer, ça ressemblait plus à de la pitié, mais je n'ai jamais souhaité sa mort, même si l'idée de le voir allongé dans sa boîte ne me choquait pas plus que ça, finalement.

Il n'y a rien à tirer de tout ça, si ce n'est que Dieu n'existe pas, ou s'il existe, il doit avoir le chic pour mettre les sangliers et les hommes au mauvais endroit, au mauvais moment. Toute cette merde à cause d'un sanglier, c'est peut-être la seule phrase qu'on peut retenir de ce mec. Le jeune pianiste avait quitté son piano pour devenir comme tout le monde, et au lieu d'acheter un chien, une maison, un barbecue en pierre grise et une jolie femme, il avait pris la poudre d'escampette, la Dame blanche filait dans ses veines, éclatait ses narines et ses gencives, dilatait ses pupilles et dévorait son corps des cheveux jusqu'aux ongles.

C'était l'année de la mort du Dit-Rectum, l'année de l'arrivée et du départ de Kristina, l'année des super notes, des fast-foods à trois, de l'œil de verre, de la boîte qui finirait par craquer. La Grande Araignée tissait sa toile jour après jour. Ses longues pattes de fourrure bougeaient entre mes reins, et je sentais ses mouvements guider les miens, ces huit tentacules épais et noirs tenaient mon corps comme une marionnette de bois. Au moindre faux pas, elle aurait pu me briser les os, avaler mon âme comme elle avalait les moucherons de mon cerveau. J'avais peur de ce monstre, qui se nourrissait de ce que j'étais, de ce que je disais, de ce que je lui donnais. J'étais le QG de ma propre frousse, un vrai deux-pièces en hauteur, aux étagères renversées, avec des traces d'alcool sur la moquette. Les fils s'emmêlaient les uns aux autres, et finissaient par se casser brutalement. À croire que la GA jouait aussi le rôle des Parques, et qu'elle savait quand couper la corde, avant qu'il ne soit trop tard. Et le fil de Freak était mince et fragile. La nuit, je l'imaginais dormir avec les bras levés, comme un papillon qui profite de son seul et unique jour d'existence pour se reposer, avant le grand vol. Mon Araignée a coupé son fil beaucoup trop tôt, mais quand on a décidé de se jeter dans l'arène sans bouclier, les lions ont vite fait de vous renifler les petons. Et pour James, les choses sont allées vite, très vite. Je l'ai vu se vendre au diable comme on vend un bâton de réglisse à un jeune paysan.

« J'assume. » Non, mon ami, tu n'as jamais assumé le fait d'avoir perdu ce doigt, tu n'as jamais assumé le fait de fermer le piano à clé. Prendre de la poudre, c'est facile, dire pourquoi, ça l'est moins. Et je ne répondrai pas à ta place, Freak, tu es grand, tu es beau, et j'imagine que le blanc qui entre dans tes narines doit s'apparenter à celui de tes cheveux, si tu les as encore. C'est ça qui te sauve, tes cheveux de prince, ton doigt qui n'est plus là. Je te revois, Freak, mais la Dame aux huit pattes a déjà cassé ton fil, et crois-moi, elle n'a pas eu beaucoup d'efforts à faire. La laine était raide comme le bras d'un cadavre, il suffisait d'une vibration, d'un son, d'un battement d'ailes pour qu'il lâche. Profite Freak. La poudre, il y en aura toujours, alors profite, allume-toi à la perlimpinpin tant qu'on t'accorde un délai. Si tu n'es pas encore mort, dépêche-toi, et fais la plus belle overdose que le monde ait jamais connue, parce que s'il y a bien une chose dont je te sais capable, c'est d'en mettre plein la vue, au moment où on s'y attend le moins. Comme pisser sur le vélo de ses élèves un soir après la classe. Profite Freak, car plus personne ne profitera de toi à présent. C'est fini, vraiment. *Game over.*

Le jeune prince a tout de même réussi à terminer l'année scolaire en beauté. Le dernier jour, il nous proposa d'apprendre une vieille chanson d'un groupe dont j'ai oublié le nom, une chanson qui disait : « Mais tu sais c'est pas encore / C'est pas encore l'heure de ma mort. » Et quand les gamins la reprirent tous en chœur, sans fausses notes, les yeux du prince se voilèrent un instant, comme s'il voyait son royaume se déchirer peu à peu. Il était là, impuissant, totalement conscient de sa décrépitude, incapable de se battre une année de plus. « C'est pas encore l'heure de ma mort. » À le voir, on aurait dit un condamné, le matin de son exécution. Plus on le répétait, plus ses yeux se voilaient. Il comprenait.

La cloche a sonné, les gamins ont rangé leurs livres et poussé leurs chaises en chahutant gentiment. Ils partaient en vacances, au soleil ou à la montagne. « Bonnes vacances, monsieur. » « Les miennes vont être de longues, de très longues vacances. » Je suis sortie la dernière, et en passant la porte, Freak m'a fait un clin d'œil. Voilà, ça s'est terminé comme ça. J'ai remonté le couloir, damier bleu turquoise et blanc crème, en serrant la mâchoire, imaginant Freak à son bureau, la tête entre les mains, ses cheveux blancs retombant sur ses feuilles de cours inutiles. Je lui en voulais. Il n'était pas à la hauteur. On ne se fout pas en l'air pour un doigt. Freak n'avait plus d'espoir, plus de rêve, plus de projet. Son idéal s'en était allé en même temps que ses phalanges dans la gueule du sanglier, et plus rien n'avait d'importance à ses yeux. À force de traîner les rues, Freak abandonna sa colère d'adolescent, et frustré de n'être plus qu'un joli mec aux cheveux blancs, il disparut ce même jour, au carrefour de Cold Street, un bandeau sur le crâne, ses neuf doigts en bras d'honneur.

Si je vous parle de ce drôle d'oiseau, le bec coincé entre les barreaux de sa cage, c'est qu'à chaque fois que je vois un film où l'acteur fait semblant de jouer du piano, à chaque fois que j'entends une annonce pour un concert à la radio, à chaque fois que je passe devant le magasin d'instruments sur Malcolm Street, je vois Freak. Il pourrait être les mains qui jouent du piano dans un film de Woody Allen, il pourrait être le pianiste à la mode, celui qui remplirait les salles aux murs d'or, avec les gros rideaux rouges et les balcons en hauteur. Il pourrait être le vendeur du magasin, ou accordeur, ou prof dans un conservatoire. Mais sans ses dix doigts, Freak n'était rien, et justement, ses dix doigts n'étaient plus que neuf. Le magasin sur Malcolm Street allait bientôt fermer, une pancarte vantait les prix cassés sur des pianos neufs et des guitares customisées. Si Freak avait eu ses dix doigts, ce magasin serait resté ouvert jusqu'à la fin du monde. Les gens auraient accouru pour l'entendre jouer, à la recherche d'un prof pour leur gamin, ou pour acheter un piano après l'avoir vu, prodige naissant, en concert au Grand Opéra. Si un type comme Freak possédait encore son talent aujourd'hui, tous les magasins d'instruments feraient un blé monstre, et on ne serait pas obligé d'acheter des guitares de merde dont les cordes pètent dès qu'on tente de voir ce qu'elles ont dans le ventre. Si Freak avait encore les narines en face des trous, on saurait jouer cette putain de *Lettre à Élise* comme on sait jouer *Come as You Are* de Nirvana. Si James était resté James au lieu de devenir Freak, tous les films tournés dans ce beau pays auraient une bande-son à faire pleurer les cow-boys les plus endurcis. Je vous le dis, Freak aurait changé quelque chose dans ce monde si ses dix doigts étaient restés solidaires, il y aurait eu un truc en plus, vous ne l'auriez pas su, mais moi, avec mes dix ou onze ans :

J'aurais cru en Dieu,
Pour de vrai.

4

Je suis allée à l'église, j'ai ouvert grands mes yeux pour regarder les vitraux, les statues, les icônes, j'ai allumé des bougies et je me suis assise en attendant qu'il se passe quelque chose. C'était un refuge, le seul endroit sur terre où rien ne peut vous arriver. Le seul lieu de repos, de silence, de calme. L'église était une machine à rêves, on en ressortait comme après avoir fumé un gros pétard : calmé, dans l'euphorie silencieuse du corps et de l'esprit. Nous y avons tous cru. Nous avons pensé qu'il y avait quelqu'un de plus fort qui pourrait nous protéger. Le jour où on s'aperçoit que tout part en brioche, ça ne prend qu'une seconde, mais bon Dieu, et c'est le cas de le dire, c'est la seconde de trop, la cerise qui fait déborder le vase. Freak en avait pris pour quatre, et je me disais : si le Barbu existe, il a vraiment été vache sur ce coup-là. J. F. devait penser la même chose, et ce devait être sa seule manière de justifier son goût prononcé pour toutes les substances liquides, gazeuses, solides, amères, sucrées, acides, toutes, tant qu'elles pouvaient lui donner ce que l'Église lui avait refusé.

Le calme. Le moyen de se dire qu'il y a un grand bonhomme qui nous protège. Et peu importe que ce monsieur ait une toge blanche, des épines sur le caillou et les mains sales, peu importe qu'on le sente en regardant un vitrail ou en s'explosant les veines avec du sirop pour la toux, le principal, c'est d'avoir l'illusion suprême, c'est d'y croire vraiment, plus d'une minute entière, de se dire qu'on est sauvé pour de bon, que rien ne nous arrivera plus jamais, qu'on a mérité de mourir tranquillement et que le paradis n'est plus très loin. Si je n'ai pas dit « au revoir » en sortant, c'est que je n'y croyais déjà plus, au Barbu. C'était fini, je ne voulais pas faire semblant de sourire à ce pauvre type, en sachant que derrière sa tignasse blanche se cachaient les deux cornes fumantes d'un diable prêt à bondir. Je suis sortie parce que je ne voulais plus le revoir, je suis sortie parce que j'avais une fêlure du cœur jusqu'à la tête, comme un volcan en éveil, fissuré, bouillonnant jusqu'à l'explosion. Je suis allée exploser un peu plus loin, dans les toilettes des filles, au bout du couloir, à droite. Je me suis mouchée dans du papier blanc. Les lavabos étaient propres pour une fin de journée. Je me suis mise face au miroir, m'imaginant avec des cheveux très blancs, des yeux très beaux, et posant ma main sur la glace, j'ai tenté de savoir ce que ça me ferait de n'avoir que quatre doigts. Je n'ai pas réussi à sentir, je n'ai rien vu, je n'y arrivais pas. On ne pouvait pas sauver quelqu'un comme Freak, sa douleur était profonde, insupportable. Inimaginable. Je ne me suis pas fait manger un doigt, je n'avais pas de talent, je n'avais pas une jolie gueule. Je n'ai jamais su pisser debout, encore moins contre un vélo. Je ne pouvais pas me mettre à sa place, et j'étais incapable de comprendre sa tristesse. Voilà pourquoi je suis sortie, voilà pourquoi je vous parle de ce jeune mec que vous ne connaissez pas parce qu'il est probablement mort à l'heure qu'il est. Là-haut, Dieu, et tous les noms qu'on peut lui donner, ce type n'existe pas, ou il a décidé, pour des raisons inconnues, de ne pas laisser sa chance à Freak. Le sanglier, passe encore. Mais le reste alors ? Pourquoi n'aurait-il pas pu être chef d'orchestre ? Ou accordeur ? Non, il n'a rien voulu savoir. Le Grand Dieu a pointé son index divin vers la crinière pâle de sa jeune victime, et l'éclair tout-puissant a jailli de dessous ses ongles pour brûler sa cervelle.

Dieu et moi, nous nous sommes connus assez tôt. J'étais trop petite pour aller à l'école, et lui de son côté, il servait déjà de prétexte à toutes les guerres possibles et imaginables aux quatre coins du monde.

Ma mère n'était pas croyante, mais depuis sa plus petite enfance, elle se rendait à l'église une fois par semaine. Elle mit fin à ce rituel pendant ses quatre années passées à San Francisco, puis, à son retour parmi les siens, elle s'y rendit de nouveau. Ma mère allait à la messe, son chocolat bien calé derrière ses dents de sagesse, et en revenant le dimanche en fin d'après-midi, elle se penchait sur mon berceau et faisait le signe de croix. Ce fut la première chose que je sus faire de mes dix doigts, et encore maintenant, il m'arrive de me signer, devant un steak saignant, ou à la fin d'un bon livre. C'est devenu un tic, un réflexe qui n'a plus rien de religieux. J'ai vu ma mère le faire des milliers de fois, tandis que mon père la regardait en répétant : « Ma chérie, s'il te plaît... » Il avait du mal. À cause d'un traumatisme quand il était gamin : un prêtre avait giflé un enfant de chœur jusqu'au sang pour une histoire de cheveux trop longs. Paradoxe, quand on sait que le Seigneur est lui-même bien fourni niveau bouclettes. Cette scène avait définitivement scellé le destin religieux du paternel : il n'avait pas remis un orteil dans une église, et n'aimait pas voir sa femme et sa fille s'y rendre le dimanche. Son côté honnête-homme-prêt-à-défendre-la-veuve-et-l'orphelin l'obligeait à ne pas nous interdire cette activité dominicale, mais je percevais, dans ses gestes et l'intonation de sa voix quand nous rentrions, qu'il n'aimait pas nous savoir là-bas. Comme lorsqu'un ado traîne dans les squats et que ses parents s'inquiètent, lui s'inquiétait à cause des messes, des livres rouges que nous tenions dans nos mains, à cause des statues aux yeux blancs immobiles, l'air de dire : « Vous avez péché, tous les jours que Dieu vous a donnés, vous avez péché, et vous le paierez. » Il voyait ça comme ça. Sa colère n'allait pas contre le Porteur d'Épines Égratigné, mais plutôt contre ses représentants. D'après lui, si on avait vraiment cette flamme appelée « foi », on ne devait pas avoir besoin de messe pour croire, et

Il n'avait pas besoin de prière pour savoir qu'on y croyait. Mon père avait cru en Dieu un temps, il y avait cru très fort, mais tout se passait dans sa tête, rien ne se voyait. S'il devait confesser une maladresse, il le faisait en silence, s'il devait remercier, ou demander, ou supplier, il serrait les poings un peu plus fort que d'habitude, mais jamais, au grand jamais, on n'avait vu le Père de Lua se mettre à genoux ou faire un signe de croix. Il détestait les hommes d'Église, les considérant comme des hérétiques, des charlatans en uniforme qui réécrivaient tout et s'accordaient un pouvoir sur les pauvres pécheurs venus écouter la messe. Ces hommes-là, disait-il, ces hommes-là ne croient pas vraiment en Dieu. Ils ont lu, ils ont appris le latin, la musique, ils ont appris à se taire au bon moment, à prendre des airs douloureux pour les enterrements, des airs faussement bienveillants pour les mariages, mais je te le dis, Lua, la foi, ça ne s'apprend pas, on l'a ou on ne l'a pas. Tu n'es pas obligée de suivre ta mère. Ça finissait toujours comme ça. Il ne croyait plus en Dieu, moi si. Et j'aimais franchement l'église le dimanche matin. Qu'est-ce que j'aurais bien pu faire d'autre de toute façon ? Du skate, du roller, des beignets au chocolat ? C'était l'histoire d'une petite heure par semaine, pas de quoi fouetter un chat. Entre le Barbu et moi, c'était plus fort que les statues, mais personne ne le prenait au sérieux, personne, à part Eddy.

« Il suffit de coucher avec une femme pour avoir la preuve que Dieu existe. Il n'y a que lui pour avoir eu la divine idée de faire une paire de fesses, on peut y poser les deux mains à la fois. » C'est la dernière conversation qu'on a eue, Eddy et moi. Il commençait à pleuvoir et Mrs McKenzie rangeait ses pots de fleurs en courant du garage à la cour, sa poitrine énorme ballottait quand elle serrait les bégonias contre ses seins. C'était en juin, ou en août.

Je n'y crois plus. J'ai arrêté. Comme ceux qui arrêtent de croire qu'on peut changer le monde en gueulant des slogans dans la rue tous les après-midi. Eddy est mort, Freak a disparu, Kristina a rejoint son île et ses cocotiers. Je ne vais plus à l'église. Quand je passe devant, je ne vois qu'un bâtiment sombre, effrayant, et j'essaie de calculer le nombre d'heures passées à l'intérieur. J'ai seize ans maintenant. Un gouffre se creuse entre ce que je suis et ce que je devrais être, entre ce que je dois apprendre et ce que j'ai déjà appris.

Dieu et moi, ça s'est terminé quand Eddy a décidé de le rejoindre, il dépassait les bornes, c'était impardonnable de la part de quelqu'un supposé protéger ceux qui croyaient en lui. Alors oui, jusqu'à seize ans, j'ai eu ma carte de fidélité à l'église, je gardais ma croix de bois quelque part dans un tiroir, cachée entre un pull de Bob Marley et des chaussettes blanches à pois rouges. Pendant seize ans, j'ai eu un pote plutôt beau gosse, avec ses cheveux longs et sa couronne d'épines, punk à souhait. Jusqu'à ce que la foi s'en aille comme un grain de sable entre deux rochers. J'ai perdu un copain, et j'ai perdu une raison de me lever le matin. Je me suis dit que j'allais être quelqu'un de bien, qu'on m'aimerait, moi et mes cheveux blonds, moi et mes voisins, moi et mes parents, moi, moi et toujours moi. Il n'y avait aucune raison de se faire du souci, Dieu était là, il veillait au grain, perché sur son cumulus, la bière en équilibre, avec une paire de jumelles cerclée d'or pour me surveiller. C'était cool. Mais c'est fini. Tout est fini. Si Eddy était encore là, je suis sûre qu'il comprendrait. Nous étions deux dans cette foutue rue à croire réellement en Dieu, et nous nous arrangions avec lui quand nous en avions besoin. Maintenant, je suis toute seule, et je n'ai pas envie d'arranger quoi que ce soit, je n'ai pas envie de rafistoler les morceaux de foi avec du vieux Scotch, histoire de montrer que j'ai essayé d'oublier, ou de vivre avec. Je ne veux pas croire que tout est bien qui finit bien. Eddy n'était pas un mec bien. Alors Dieu, ou Jésus, je vous ai toujours confondus de toute façon, prends tes cliques et tes claques, retourne là d'où tu viens, enlève-moi cette couronne à la con et trouve-toi des fringues propres. Cherche un taf, un vrai, fais-toi à manger le soir en rentrant, regarde la télé ou fais des mots croisés, appelle tes potes de la Cène et organise un barbecue avec merguez et sauce piquante, et surtout, ne me dis plus ce qui est bien ou mal, n'essaie pas de me montrer le chemin, parce que vu tout ce que tu as fait dans ta longue vie d'Éternel, il n'y a pas de quoi être fier. Vraiment pas.

TROISIÈME PARTIE

PERSONNE N'A RETROUVÉ LES OREILLES DE DIEU

1

Eddy est mort en avril.

2

Je revenais de cours. J'avais acheté du Cherry Coke frais, et des biscuits au chocolat. Il y avait une super promo : deux paquets pour le prix d'un. Mon père n'était pas encore à la maison, il devait certainement bosser sur une nouvelle espèce de vipère arrivée tout droit d'un pays inconnu.

Dans le salon, Kerrie lisait *Sa Majesté des Mouches*. Confortablement installée dans son fauteuil, la tête penchée sur le côté, elle ressemblait à une actrice de cinéma en pause entre deux prises. Comme d'habitude, je la regardai quelques secondes avant d'aller poser les courses et mon sac à dos. Son livre était corné, il manquait des pages au milieu, mais aucune importance, elle le connaissait par cœur. Quand elle se plongeait dans ce roman, elle avait une expression de désespoir tendue sur le visage qui me mettait mal à l'aise. J'imaginais qu'elle n'était pas concentrée sur ce qu'elle lisait, mais qu'un tas de petits détails de sa journée devaient être en train d'investir son esprit. Peut-être repensait-elle à San Francisco, avec tous les skateurs qu'elle adorait et auxquels je ne ressemblais pas. J'avais toujours eu envie de lui demander si nous pouvions, elle et moi, retourner là-bas, mais son regard devenait si lointain lorsqu'on abordait le sujet que j'avais décidé de jeter l'éponge. Dans ces moments-là, Kerrie ne me voyait pas, elle ne savait plus où elle était. Je n'existais pas, Markku non plus, et ses yeux, à la fois tristes et vifs, semblaient se perdre dans le temps, à la recherche d'un bon souvenir, d'une seconde de bonheur.

Ça se passait toujours en fin de journée, quand je rentrais de l'école. Elle était déjà là depuis une heure, et à voir cette grande maison vide, avec sa cuisine impeccablement nettoyée et les photos des rues de Chicago, l'envie d'être ailleurs devait l'envahir très vite. Irrésistiblement, on se laisse prendre au jeu, et les sensations sont comme à la sortie d'un bon film au cinéma : on revient dans la lumière, les yeux mi-clos, avant que la fille et l'homme n'arrivent, avant de les voir prendre possession des pièces, laisser leurs odeurs partout, leurs traces et leurs voix, voix qui effaceront tous les souvenirs d'une vie de bord de mer trop tôt amputée. Un organe majeur manquait dans la mécanique pourtant bien huilée de sa nouvelle existence : elle était mère, femme, employée. Elle avait des amis, des responsabilités, mais les cheveux décolorés des marmots, le son des guitares qu'elle grattait le vendredi soir sur les plages de San Francisco, tout cela flottait autour d'elle, une multitude d'images étincelantes l'éclaboussaient dès qu'elle se retrouvait seule. Sa vie prenait des airs de bonheur terminé. Comme Kerrie n'était pas le genre de femme à se plaindre ou à jouer les héroïnes romantiques, elle osait revivre ces moments seulement à l'abri des regards, pendant ces quelques minutes, en fin de journée.

J'ai posé mes affaires, rangé le Coke à côté des bouteilles de lait entamées. Il faisait chaud pour un mois de juin, le linge séchait dehors, avachi sur le fil de fer immobile tendu entre les deux clôtures. J'apercevais le T-shirt blanc de ma mère, celui que je lui avais ramené d'un voyage de deux jours dans le Sud. Elle le mettait toutes les semaines. En me faisant une tartine de miel avec du pain en tranche et du beurre de cacahuète, je m'attendais à voir la voiture de mon père se garer devant le portail. Markku était d'une ponctualité étonnante, il partait et arrivait toujours à la même heure, à la seconde près. Un automate bien réglé. Un rouage.

J'ai terminé mon goûter, et monté mes affaires. La fenêtre de ma chambre était restée ouverte toute la journée, et le vent avait soufflé les feuilles sur le bureau. Des textes, des dessins, des tablatures. Sur la commode, Kerrie avait posé mes affaires propres : des sous-vêtements foncés, un jean droit et deux T-shirts sans manches. Le tout repassé et plié avec une minutie de gouvernante dans un grand palace de la côte est. Les rideaux rouges aux fenêtres donnaient à la chambre des airs de Bienvenue en enfer, avec des reflets ocre éclaboussant les objets, les draps et les murs tout entiers.

Je m'affalai sur les couvertures et m'endormis dans la minute qui suivit. Je me souviens vaguement d'avoir rêvé d'une poule géante qui courait dans les rues de la ville en caquetant dans une langue inconnue, une sorte d'espagnol mêlé à un dialecte du Nord, un dialecte européen, du pays lointain de mon père. La poule écrasait tout sur son passage, et au sommet de sa crête rouge foncé, un petit monstre difforme donnait les ordres. Tourne à gauche, doucement, attaque. Je me suis réveillée avec une faim de loup, l'envie d'avaler une volaille entière.

Je descends l'escalier en me frottant les yeux. Quelle heure est-il ? Markku est arrivé, je ne l'ai pas entendu rentrer. La porte est ouverte. Kerrie et lui sont dans la cuisine, un verre d'alcool fort dans la main. Je dis bonjour, comment était ta journée ? Un homme que je ne connais pas frappe aux carreaux, et Kerrie me dit que je ne dois pas m'en faire, que c'est normal, qu'Eddy n'était pas heureux de toute façon. Je dis que je ne comprends pas. Dans la rue, juste en face, des hommes aux sourcils broussailleux, chemises bleues et bottines noires, transportent le corps de Peter Moche. Je sors, je regarde. La corde est restée nouée autour de ses cervicales. Je sais qu'il bande, ça se voit. Ils l'emmènent après avoir relevé un drap d'ambulance sur son visage. Je fais un signe de la main, et je pense tout bas : c'est le début de la fin. Markku me prend par l'épaule et me demande si je veux quelque chose de spécial à manger ce soir, si je veux aller au cinéma, à la patinoire. Je dis que je n'ai rien demandé à personne, que je veux boire un Coke avec Eddy pour lui raconter ma journée et lui décrire la tête de Kevin quand le prof l'a jeté de cours. Je me dégage de l'étreinte de mon père, rentre sans faire de bruit et ouvre le frigo. Je me sers un verre de soda, monte au premier, et dans la salle de bains, je vomis pendant dix minutes. Je tire la chasse, m'essuie la bouche et me brosse les dents en regardant mon visage dans le miroir. Mes cheveux sont de moins en moins blonds, ils sont sales, des mèches retombent sur mon front bronzé. Markku monte l'escalier, je l'entends. Kerrie doit être en bas, elle est assise dans le salon, elle pense à Eddy, à San Francisco. Je le sens. Mon père frappe à la porte de la salle de bains, il entre, me tire doucement vers ma chambre. Il me dit de me reposer, je réponds que c'est impossible, que je veux voir Eddy, tout de suite. Il soupire. Je crie un peu plus fort et je me mets à pleurer. Il me prend dans ses bras et je mouille son pull en cachemire qu'il a acheté l'année dernière dans un grand magasin pour hommes. Sur l'étiquette, je vois qu'il faut le laver à 30 degrés. Je pleure tout mon soûl, et Markku ne dit rien. Kerrie monte l'escalier, elle tient un verre dans sa main droite et une photo dans sa main gauche, une photo d'Eddy et moi le soir de mon douzième anniversaire. Elle pose le tout sur la table de chevet, me regarde et sort. Markku aussi. Je pleure encore, la nuit tombe, la lumière est rouge.

Je dors.

Je n'ai pas rêvé cette nuit-là. Mon chagrin grandissait dans mon sommeil. Je me souviens du réveil, avec l'impression de manque, et mes parents dans l'encadrement de la porte. J'ai pris mon pantalon qui traînait par terre. Dehors, il faisait déjà chaud, mais je ne suis pas allée à l'école. La maison d'Eddy était fermée. Je me suis assise sur les marches en me disant que Kristina ne serait jamais au courant, que Freak ne pourrait pas me dire ce qu'il en pense. J'ai arrêté de croire en Dieu, j'ai arrêté de croire qu'il y avait d'honnêtes gens sur terre, j'ai arrêté de sourire pour rien, et je me suis dit que je devais faire comme lui, que je devais mourir au moment où j'en aurais envie, et dire aux gens d'aller se faire mettre, une bonne fois pour toutes.

L'après-midi, une grande dame, la cinquantaine, est venue. La tante d'Eddie. Elle disait qu'il serait enterré dans son village natal, dans le Sud, à plusieurs centaines de kilomètres d'ici. Elle a ouvert la maison, des gens sont venus, ils ont pris les meubles, un type chauve en costard a cloué un panneau « À VENDRE » sur la pelouse qui n'avait pas été tondue depuis un bon moment. Je détestais déjà les prochains propriétaires. Il n'y avait plus aucune raison de jouer les gens bien. Je m'en voulais, je lui en voulais, j'en voulais à la terre entière.

Markku et Kerrie ont appelé l'école pour dire qu'il y avait eu un décès dans la famille. Ils avaient raison. Échec et mat, me soufflait-il de là où il se trouvait. Ça clignotait de partout. Partie terminée, et ceux qui jouent souvent le savent, la maison gagne toujours, la banque encaisse, les autres n'ont plus qu'à rentrer chez eux. Je voyais les choses comme un grand tapis vert avec la main de l'homme invisible, caché dans la pénombre, celui qui distribue les cartes, celui qui enlève ou donne les jetons de toutes les couleurs. J'imaginais les joueurs les uns collés aux autres, les narines tendues, les mains tremblantes sur leurs jeux. J'entendais les voix qui annonçaient les mises, celles de ceux qui relancent, celles de ceux qui se couchent, attendant la chance, sachant qu'elle pouvait très bien leur passer sous le nez. Je voyais les chiffres rouges et noirs, les piques et les cœurs, les carreaux et les trèfles sur lesquels on ne compte pas beaucoup. Sauf les quatre feuilles. Au bout d'un certain temps, un bon nombre quitte la table, les poches vides, des cernes sous les yeux, dans l'attente de nouveaux jetons, jusqu'à ce qu'on leur refuse l'entrée. Je regardais le jeu, un peu en retrait, comme celui qui s'intéresse mais ne veut pas risquer sa peau sur le tapis. La position du lâche. Personne ne me voyait, je ne devinais pas les cartes, mais quand j'entendais cette voix sans visage annoncer les mises, j'espérais de tout cœur qu'ils se couchent. Mais non. Ils continuaient, encore et encore, les piles de jetons s'alourdissaient ou au contraire disparaissaient petit à petit, sous l'œil désespéré du joueur malchanceux. En fin de compte, ça ressemblait à ça de vivre, le tout était de savoir comment perdre, à quel moment, de quelle façon. La banque gagne toujours. Il n'existe aucun moyen pour la jouer. Ceux qui ont essayé ne sont plus là pour le dire.

Les jours qui suivirent passèrent comme dans un état de demi-conscience. Je voyais mes parents, j'essayais de parler, mais tout restait coincé dans ma gorge, comme si quelqu'un écrasait son poing sur ma langue. Je mangeais, je me lavais sans vraiment me trouver propre. Je peignais mes cheveux, pensant qu'il était temps de les couper, comme on fait dans ces cas-là, quand il y a un changement. Je dormais des heures et des heures, d'un sommeil sans rêves ni cauchemars. Au réveil, il me fallait du temps pour bouger les jambes. Il me fallait du temps pour tout.

Je suis revenue en classe, je regardais les autres comme si je les voyais pour la première fois, j'écrivais des mots que je ne mettais pas dans l'ordre, et je récitais des leçons que je n'apprenais pas. Markku et Kerrie m'ont laissée planer deux semaines. Ma mère a suggéré de m'emmener chez un psy si mon état ne s'améliorait pas, Markku disait qu'il me fallait du temps, du temps, et encore du temps. Ils n'ont jamais fait une remarque, ils ne m'ont jamais dit : « Ce que tu es lente, ma pauvre fille ! » Ils ont fait ce que je faisais toujours avec ma mère : ignorer la tristesse. Toujours. Si l'on veut vivre en paix, il faut faire comme si on ne savait pas toute la douleur que l'autre endure. C'est mieux comme ça.

Au bout d'un mois, je recommençai à boire plus d'un litre de Coke par jour. Je changeais de vêtements tous les matins et dormais un peu moins. Mes cheveux sentaient bon, mes ongles étaient coupés. Je colorais mes orteils et demandais à Markku de me préparer du chili con carne très épicé. Ils s'inquiétaient moins. La maison d'en face n'avait pas trouvé preneur, peut-être parce que les agents immobiliers étaient obligés de dire qu'un type louche s'était pendu à l'intérieur. Nous ne parlions jamais d'Eddy, même si ça me brûlait les lèvres de demander où il était enterré. De toute façon, ils n'auraient pas fait le voyage pour m'y emmener.

Il faisait de plus en plus chaud. Les écoliers sortaient en T-shirt à manches courtes et les filles découpaient leurs jeans au niveau des cuisses pour en faire des shorts à franges, comme dans les films. Les vendeurs de glaces gagnaient une petite fortune dans les rues de la ville, et tout le monde se baladait avec un Coke frais à la main. Nous étions au début du mois de mai, les après-midi se passaient en bande, à la piscine. Certains skataient sur les trottoirs. En classe, les profs commençaient à distribuer des petites fiches à carreaux sur lesquelles nous devions marquer les études ou le métier que nous voulions faire plus tard. Je ne savais jamais quoi répondre, alors j'inventais : trapéziste, championne d'aérobic, joueuse de triangle dans un orchestre irakien, langoustine de présentation dans un grand restaurant de bord de mer. Je ne connaissais pas les réponses à ce genre de questions.

Le soir, je rentrais tôt. Je n'essayais plus d'apprendre à jouer de la guitare, ma mère m'avait prêté la sienne, mais j'avais jeté les partitions, et tous les autres papiers qui traînaient sur le bureau. Ma chambre était rangée, ou plutôt, disons qu'elle était presque vide : j'avais foutu en l'air une bonne partie de mes fringues, de mes CD, de mes livres. Je changeais ma couette toutes les deux semaines, j'avais les cheveux propres coupés court et je ne portais jamais de short malgré la chaleur. Parfois, je partais faire du roller à côté du terrain de sport pour regarder les équipes de foot locales se crier dessus, puis je rentrais à la maison, sans plus d'entrain que je n'en avais en partant.

Je lisais de moins en moins. J'avais gardé quelques bouquins d'avant la mort d'Eddy, des textes qu'il m'avait conseillés parce que c'était « aussi puissant qu'un arrière-train d'éléphant ». Il y avait Nabokov, Steinbeck, Salinger. Des grands crus. Pourtant, je n'en voulais plus, et les gardais par indulgence. L'envie de relire les bons livres m'était passée, comme le reste. Tout s'en était allé, en quelques semaines, je m'étais débarrassée d'un tas de trucs inutiles.

Il n'y avait personne. Personne. Un désert où seuls subsistaient quelques cactus verts et bien portants aux branches tournées vers le soleil. Je n'allais plus au cinéma, je ne regardais pas la télévision, je n'étais plus au courant, les actualités m'emmerdaient, les séries aussi. De temps en temps, je cherchais dans les cassettes les vieux dessins animés que Kerrie avait enregistrés quelques années plus tôt, mais je ne les regardais jamais en entier. Les images se confondaient les unes avec les autres, je ne suivais pas l'action, ni les dialogues, je ne riais pas aux vannes stupides qui me faisaient tordre quand j'étais petite. J'avais les yeux humides, visqueux, prêts à exploser si on appuyait au mauvais endroit au mauvais moment. Je serrais les poings plus souvent, sauf devant mes parents. Ils n'avaient rien à voir avec tout ça, ils n'étaient pas responsables, moi non plus, mais ils ne faisaient rien pour arrêter la machine. Mon père travaillait comme un forcené, ma mère faisait des heures supplémentaires au cabinet médical. Ils jouaient, les bras croisés sur le tapis vert, et perdaient l'équivalent de ce qu'ils gagnaient. En fin de compte, ils en restaient toujours au même point, et ces joueurs-là n'intéressaient pas la banque. Kerrie choisissait soigneusement ses jetons, elle demandait son avis à Markku avant de les poser devant elle, ils se concertaient un long moment, et moi, tapie dans l'ombre, derrière la main gantée, je les regardais faire, je les regardais survivre pour ne pas être éjectés de la table. Ils ne se couchaient jamais, mais ils ne prenaient pas non plus de gros risques. Markku ne croyait pas en la chance, même aux jeux, il y avait des probabilités et des calculs hypothétiques qui aidaient à savoir quelles cartes sortiraient et à quel moment. Sa femme gardait un œil méfiant sur la main noire qui s'avançait pour prendre les piles de jetons, elle ne se laissait pas impressionner par la voix inhumaine annonciatrice des mises.

Ils jouaient. Comme les autres.

3

Eddy ne m'a rien laissé. Toutes ses affaires furent sorties quelques jours après son enterrement. Les vêtements sales s'amoncelaient sur le trottoir, les curieux venaient voir, quelques meubles furent vendus le jour même à des punks de passage. Mes parents ne sont pas sortis saluer les nouveaux venus, ma mère faisait des jus de fruits incroyables et mon père dessinait des cartes géologiques sur de larges feuilles unies. De temps en temps, nous entendions les voisins charger les meubles les plus lourds dans une camionnette propre et bien garée, entre notre garage et les arbres qui bordaient le trottoir. Le déménagement a duré cinq heures, je dormais, je n'entendais pas cette grande dame en jaune qui disait : « De toute façon, il fallait bien que ça arrive un jour. Pauvre mère ! Avec un fils pareil, pas étonnant qu'elle ait mis les gaz avant lui. » Une autre dame, plus petite, et toute verte, l'aidait à faire du ménage à l'intérieur, elle ne parlait pas, elle n'écoutait pas, sa tête ressemblait à un énorme kiwi trop mûr. Ma mère m'a tout raconté quand je suis descendue dîner. Il n'y avait rien pour moi, ça m'a collé un mal de ventre pas possible, comme si j'avais avalé trente crêpes au sirop d'un coup.

Ce soir-là, il y avait du chili, des toasts salés et des oignons nouveaux. Mon père avait mis la nappe des grands jours et des serviettes rouges. Dehors, les voisines fluorescentes fermaient la porte et piétinaient le paillasson où nous avions pris notre premier petit déjeuner, Eddy et moi.

La nourriture était délicieuse, ma mère souriait sans raison, elle donnait de petits coups de pied contre les barreaux de sa chaise et ajustait son bandeau sans arrêt, sous le regard indifférent de son mari qui mangeait lentement, la tête baissée. Au bout de vingt minutes, il lâcha sa fourchette et nous demanda de bien écouter ce qu'il avait à dire. Il était tôt, je n'avais plus faim.

Une semaine plus tôt, Markku avait reçu une proposition de travail. Son laboratoire recherchait des volontaires expérimentés pour une mission scientifique. Il pouvait partir six mois minimum, et renouvelables, en Océanie, avec une équipe de chercheurs, pour mettre au point un nouveau programme de médecine à base de venin animal. Il devait être payé le double de son salaire initial, et, sur place, tout serait fait pour que la vie des scientifiques en exil soit la plus agréable possible. Pour Markku, cela signifiait qu'il pourrait papouiller tout un tas de Popeye et autres bestioles à longues pattes sans devoir rentrer à la maison tous les soirs.

Ma mère l'écoutait sans broncher, ses pieds

cognaient toujours contre sa chaise, mais moins vite. Je ne savais pas quoi dire, alors je me levai et ramassai les assiettes vides. Mon père jubilait, ma mère approuvait, je me lavais les mains dans l'évier de la cuisine en grattant les restes de sauce piquante coincés sous les ongles. Il faisait nuit, mes parents s'embrassèrent et je montai me coucher. Sur les graviers du trottoir, la voiture de Dame jaune avait laissé de larges traces de pneus qui ressemblaient à des guirlandes de Noël.

Ils en parlèrent pendant trois jours. Kerrie lui acheta des vêtements neufs, un équipement complet et des chaussures de randonnée qu'il jugeait absolument inutiles. Il disait qu'il enverrait des cartes postales toutes les semaines. Évidemment. Peut-être croiserait-il Kristina, entre deux îles abandonnées. Ou James Freak, avachi sur un nuage, un milk-shake à la main, une veine séchée en guise de paille.

Personne ne me demanda jamais mon avis. Mon père me racontait le système nerveux des kangourous et les problèmes causés par ces derniers lorsqu'ils croisaient un troupeau de moutons ; ma mère me demandait de ne pas m'en faire, nous irions au cinéma plus souvent, nous pourrions faire des plateaux-télé tous les soirs. Ils ne mentionnèrent pas Popeye, mais j'espérai profondément qu'elle s'en irait avec lui. Ils piaillaient, sans arrêt. Pourtant, depuis la mort d'Eddy, nous vivions ensemble sans nous parler plus de deux minutes, ma mère faisait de moins en moins de pain perdu, et Markku m'apprenait parfois à préparer un chili, rien de plus.

Popeye prenait du poids, elle passait ses journées vautrée dans ma cervelle, j'avais toujours peur, mais comme le reste, je n'y prêtais aucune importance. L'annonce du départ de mon père changea le cours des choses pendant trois jours, mais ça ne valait pas la peine de se raconter des histoires, la seule question qui me vint à l'esprit était de savoir s'il reviendrait un jour. Je savais que je connaissais déjà la réponse, et Kerrie aussi.

Nous l'avons accompagné à l'aéroport un mois plus tard. La veille, Markku nous avait emmenées voir un film au Big Movie, des centaines de robots s'envoyaient des missiles géants dans les pattes pendant plus de deux heures. Le pied. Vers onze heures, nous étions sortis manger des glaces au caramel, mes parents se tenaient par la main, je cherchais des tickets de cinéma usagés pour en faire la collection. Nous avons croisé des chiens abandonnés, truffes sèches, leurs queues balayaient le trottoir comme l'éventail d'une geisha un jour de grosse chaleur. Mes parents ne les voyaient pas.

Les avions décollaient les uns après les autres, le nez haut, les ailes déployées, ils se la jouaient *Top Gun* à fond. Derrière moi, deux gamins à franges pariaient sur les probabilités d'un crash au beau milieu du Pacifique. Il faisait lourd, on annonçait de l'orage pour la soirée. Des éclairs commençaient déjà à pointer d'entre les gros cumulus gris qui menaçaient les vols de la fin d'après-midi.

Markku portait un jean clair, une chemise à manches courtes bleu foncé et des chaussures de ville noires, pointues, menaçantes. Kerrie avait une tunique sombre nouée dans le dos sur un pantalon serré retroussé au bas des mollets. Ses chaussures montantes rouges à lacets foncés claquaient sur le béton. J'entendais ses chevilles crier à cause des ampoules qui gonflaient contre le cuir de ses boots. Sous ma casquette à l'effigie des New Yankees, je les regardais se sourire comme des adolescents, et j'essayais tant bien que mal de ne pas marcher sur mon pantalon trop large qui engloutissait mes nouveaux lacets à rayures jaunes.

Avant de nous laisser, Markku nous donna à chacune une carte en bristol avec un numéro de téléphone, une adresse et un mail où nous pourrions le joindre en permanence. Un logo en forme de tortue se promenait aux quatre coins du carton, scratch-scratch du matin au soir. Mon père m'embrassa sur le front, ses lèvres étaient sèches et rugueuses comme une pomme de pin. Il enlaça sa femme par la taille, sa main droite légèrement inclinée sur la hanche de Kerrie. L'étreinte dura un peu moins de trente-cinq secondes, et Markku détacha son regard de sa femme et se dirigea vers le terminal. Une femme de ménage retirait les immenses sacs-poubelle de leurs box en acier, ses mains ridées nouaient les élastiques orange autour des ordures avec une dextérité étonnante. Je tentais de l'approcher, mais ma mère n'attendit pas que Markku ait passé les contrôles de sécurité pour sortir de l'aéroport. Je la suivis. J'aimais sa façon de marcher, avec cette manie de balancer les mains d'avant en arrière, comme une marionnette.

Deux heures plus tard, nous étions dans un restaurant chinois, à deux kilomètres au sud des pistes de décollage. Nous dévorions des raviolis de crevette dégoulinants de sauce piquante, et des pâtes sautées qui sentaient l'huile bon marché. Je n'avais pas vraiment faim, mais je faisais comme si. Nous avons parlé de la durée du vol, du beau temps en Australie. Les cheveux de Kerrie étaient retenus par un ruban jaune et rouge, elle souriait sans raison. En dessert, des beignets aux pommes. Chauds. J'ai fermé la porte du restaurant et j'ai laissé Kerrie prendre un peu d'avance. Je suis allée aux toilettes. Devant moi, une grosse femme aux cheveux bleus se lavait les mains en éclaboussant tout autour d'elle. Elle se retourna, et je vis de la morve couler sous sa narine gauche. Le distributeur à savon était vide, la grosse dinde avait sans doute tout utilisé, ses mains faisaient à peu près le triple des miennes.

Dans la voiture, ma mère m'attendait, ses lunettes de soleil sur les yeux. Les nuages étaient bas.

Au début, Markku donna des nouvelles tous les deux jours. Les cartes postales arrivaient sans enveloppe. L'écriture était irrégulière, sombre, les lettres se roulaient sur elles-mêmes, je confondais les « e » et les « o », les « t » et les « l », les phrases me semblaient toujours trop courtes, trop rudes. Au bout d'un moment, je demandais à ma mère de me les lire. Je détestais cette écriture, elle se tordait dans tous les sens, elle avalait le carton comme un feu gigantesque ; il n'y avait rien de rassurant, de gai dans tout ça. Là-bas, au milieu de son océan, mon père suait à écrire des lettres qu'il ne voulait pas envoyer.

Il avait vu des kangourous, et des centaines de moutons. De temps en temps, Kerrie l'appelait, la conversation durait vingt bonnes minutes, elle ne parlait pas beaucoup, elle demandait des nouvelles, des détails, des histoires. Je restais dans le couloir, l'air de rien, la tête appuyée contre le mur, les pieds bien parallèles. Après avoir raccroché, elle s'installait dans le salon, prenait *Sa Majesté des Mouches* (qui perdait de plus en plus de pages) et revêtait de nouveau ce regard perdu que je détestais. Parfois, elle s'endormait dans son fauteuil, les jambes repliées sous ses cuisses, et je montais me coucher, sans faire craquer les marches de l'escalier. Vers deux heures du matin, elle se réveillait, regagnait sa chambre et jouait de la guitare, assise sur son lit, les yeux dans le vague.

4

Septembre.

Six mois après La-Dame-Aux-Cheveux-Bleus-Dans-Les-Toilettes-Du-Restaurant-Chinois.

Kerrie se fait belle. Elle achète des vêtements tous les mois dans un magasin du centre-ville. Il y a deux semaines, ma mère est revenue avec un T-shirt imprimé Légumes Verts. Elle l'utilise pour faire les carreaux.

Nous allons au cinéma, mais pas aussi souvent qu'elle l'avait promis. Une fois par mois. De temps en temps, nous sortons le vendredi, au bowling, au Big Movie, chez des amis à elle que mon père ne connaît pas. La nuit, elle dort vêtue d'un pyjama violet à rayures blanches ; dans son lit, la place à gauche est vide, mais Kerrie s'étale de tout son long comme une chatte en plein soleil, les draps enroulés autour de sa poitrine, les pieds en éventail. De temps en temps, elle crie dans son sommeil. Ça ne me regarde pas.

Mon père envoie une carte une fois par mois quand il y pense. Les coins sont généralement cornés, l'écriture de plus en plus illisible. Parfois, Kerrie attend plusieurs jours avant d'y jeter un œil, quant à moi, je les range dans une boîte en fer sous le bureau de mon père. Ma mère l'appelle quand ses collègues cherchent à le joindre. Ils disent qu'ils n'ont pas son numéro, ni son adresse. Ces gens-là sont des charognards, ils veulent savoir.

Depuis son départ, je n'ai parlé qu'une seule fois à Markku, le jour de mes quinze ans. Kerrie m'avait proposé de changer le papier peint de ma chambre, de mettre des posters muraux à la place des imprimés habituels. Nous avions passé la journée à choisir des couleurs dans un catalogue gros comme un parpaing, et j'avais finalement opté pour un immense paysage urbain en noir et blanc, avec des immeubles en forme d'épingles de nourrice, au-dessus desquels des hélicoptères énormes se croisaient et envoyaient des halos de lumière sur les façades des bâtiments. À la fin de la journée, Markku avait fini par appeler pour me souhaiter un bon anniversaire et me demander des nouvelles. Je lui parlai onze minutes et vingt-huit secondes avant de passer le combiné à Kerrie, laquelle me fit signe d'allumer le micro-ondes pour faire chauffer des pizzas géantes. Ils parlèrent un moment, mon père n'aimait pas l'idée de cette nouvelle chambre, mais ma mère lui expliqua gentiment qu'il n'était plus le chef de famille depuis longtemps. La carte postale qui arriva deux semaines plus tard représentait un paysage d'hiver en bleu et blanc.

Kerrie se tient devant la glace. Elle porte une jupe bleu foncé au-dessus du genou, un gilet noir en cachemire et des ballerines discrètes. Ses pieds sont vraiment mignons. À son poignet, un bracelet à tête de serpent. Ses cheveux ont poussé, ils ont bouclé. Elle les attache en vitesse en laissant quelques mèches flotter sur sa nuque. Son manteau traîne sur la table de la cuisine, entre son portefeuille en faux cuir et un foulard en soie. Ses gestes sont d'une précision, d'une finesse incroyables. Comme un crabe qui se glisse sous le sable pour éviter les énormes panards des plagistes. Elle sort seule ce soir, certainement avec ces amis que mon père n'a jamais connus. Ils portent tous des jeans très serrés avec des bandes délavées au niveau des fesses.

Elle ne rentrera pas. Demain, je me lèverai tard pour lui laisser le temps d'arriver et de faire croire qu'elle a dormi ici.

En face, la maison d'Eddy a trouvé preneur : c'est une femme. Veuve, triste, belle comme le logo Coca-Cola. Elle porte des jupes colorées, des chemises en coton, des vestes cintrées. Elle travaille en ville, je la vois quelquefois en sortant du lycée ; elle marche lentement, les épaules en avant, comme un petit koala de rue, sans les poils dans les oreilles… Je ne lui dis pas bonjour, parce que je sais que ce n'est pas le genre de nana qui aurait pu rendre Eddy heureux. Le lendemain de son emménagement, elle buvait son chocolat assise sur l'escalier du perron. Un livre était posé sur la rambarde.

Hier, j'ai reçu une carte de Kristina. Elle me demande des nouvelles de mes parents et d'Eddy.

Je lui répondrai qu'il a enfin ouvert ses volets. Elle m'écrit plus souvent que Markku, son écriture me réconforte, j'ai l'impression d'être dans un œuf quand je lis ses lettres.

Le papier peint de ma chambre me rend dingue. La nuit, les néons clignotent à fond les grelots, je sens l'odeur des taxis qui roulent à pleine vitesse ; le bruit, la sueur m'étouffent, et parfois, je vois Eddy sur le trottoir, sa casquette vissée sur le crâne. Les relents de poulet frit s'échappent des fast-foods et me bloquent les narines.

Kerrie m'a laissé des canettes de Coca Light dans le frigo et des palets de cabillaud aux épices à réchauffer au four. Ma mère sait que je déteste le poisson.

Lentement, je sors les palets un par un de leur boîte en carton et les lance de toutes mes forces contre les carreaux de la porte d'entrée, en criant qu'ils sentent mauvais, qu'ils sont moches et pleins d'huile de palme. La glace brisée se répand sur le sol, elle fond, l'eau froide imbibe mes chaussettes à carreaux, pénètre sous mes ongles ; l'air frais s'engouffre alors dans la maison et enveloppe mes épaules comme un édredon d'hiver. Peu à peu, j'ai la sensation que c'est ici que tout finit.

5

Je m'appelle Lua, et je déteste le chocolat noir.

DU MÊME AUTEUR

Le Voleur de vie
Revoir, 2007

Sauvages
Revoir, 2008

Soleil cogne
(illustrations de Axel Garrigues, Amélie Girard, Chokko Primero & Xavier)
Horripeaux, 2011

Les Rouflaquettes électriques
(illustrations Vedrana Donic)
Zinc, 2011

Le roi n'a pas sommeil
Viviane Hamy, 2012

AUTRES PISTES DE LECTURE

ÉGALEMENT CHEZ POINTS

Pommes
Richard Milward

Adam aime Eve. Eve sait à peine qui est Adam. Adam tente de survivre aux raclées de son père en écoutant les Beatles. Eve s'oublie dans l'alcool, la drogue et le sexe sans plaisir. Dans les quartiers ouvriers de Middlesbrough, au nord de l'Angleterre, l'expérience de la vie est souvent très violente. À quinze ans, Adam et Eve ne le savent que trop bien. Ce ne sont pourtant encore que des enfants.

« Quand L'Attrape-cœurs *rencontre les Arctic Monkeys. »*

The Times

EXTRAIT DE LA BANDE ORIGINALE DU ROMAN MIXÉE PAR L'AUTEUR

Laurent Garnier – *Coloured City*
Elliott Smith – *Independence Day*
The Beatles – *All you need is love*

ÉGALEMENT CHEZ POINTS

Trainspotting

Irvine Welsh

Dans la sombre Édimbourg des années 1990, Renton le malin, Sick Boy l'ambitieux, Franco le sociopathe, Spud l'égaré et Tommy l'innocent partagent tout : les petites combines, l'assurance-chômage et la drogue, sous toutes ses formes. Entre deux pintes, après un *fix* ou une baston, ils racontent la violence d'un quotidien misérable dominé par la rage. Une rage qui les anime tous. La rage de vivre.

Disponible en poche
dans une nouvelle traduction

« Irvine Welsh torture la langue pour coller à la détresse d'une jeunesse au bord du néant. »

Le Monde

EXTRAIT DE LA BANDE ORIGINALE DU ROMAN MIXÉE PAR L'ÉDITEUR D'APRÈS LA MUSIQUE DU FILM

Iggy Pop – *Lust for Life*
Lou Reed – *Perfect Day*
Underworld – *Born Slippy*

ÉGALEMENT CHEZ POINTS

Cheese Monkeys
Chip Kidd

À la fin des années 1950, un adolescent désabusé intègre une école d'art et choisit par accident un cours d'introduction au dessin. Le professeur, Winter Sorbeck, séducteur et fascinant, teste ses élèves avec une exigence sadique. En proie aux affres et émois de la jeunesse, l'étudiant, *alter ego* de papier de Chip Kidd, découvre grâce à son pygmalion un monde artistique jamais envisagé : le graphisme.

« Jamais un auteur n'a décrit avec autant d'humour et de tendresse l'adolescence des jeunes Américains des années 1950. »

Bret Easton Ellis

EXTRAIT DE LA BANDE ORIGINALE DU ROMAN MIXÉE PAR L'ÉDITEUR

Billie Holiday – *Good Morning Heartache*
Chuck Berry – *School Days*
Screamin' Jay Hawkins – *I put a spell on you*

ÉGALEMENT CHEZ POINTS

Les Sopranos
Alan Warner

Le concours de chorale de leur école écossaise de bonnes sœurs ? Les Sopranos n'en ont rien à faire. Manda, Chell, Kylah, Finn et Orla veulent rendre cette virée en ville inoubliable. À 17 ans, tout ce qu'elles ont en tête, c'est l'alcool, les fringues, les mecs, perdre le concours pour rentrer à temps et enflammer le dancefloor. Et l'amitié. Parce que c'est tout ce qu'elles ont au monde, l'amitié.

« Alan Warner parvient à se glisser avec brio dans la peau d'adolescentes passablement délurées. »

Lire

ÉGALEMENT CHEZ POINTS

Les étoiles dans le ciel radieux

Alan Warner

Voilà des semaines qu'elles attendaient ça ! Les Sopranos se retrouvent pour partir en vacances. Manda, Chell, Kylah, Finn et Kay ont quitté le lycée. Toutes ont suivi des chemins différents. Malgré les failles naissantes dans leur amitié, elles n'ont pas perdu le sens de la fête. Entre gueule de bois et perte de passeport, l'aventure commence dès l'aéroport… qu'elles ne sont pas prêtes de quitter !

Sélection Prix du meilleur roman des lecteurs de Points 2013

« Sous la pseudo sitcom, une critique au vitriol, la mise en lumière vacharde et jouissive des disparités sociales d'un Royaume pas si Uni. »

Mediapart

RÉALISATION : NORD COMPO À VILLENEUVE-D'ASCQ
IMPRESSION : CPI BRODARD ET TAUPIN À LA FLÈCHE
DÉPÔT LÉGAL : FÉVRIER 2013. N° 108857 (70765)
IMPRIMÉ EN FRANCE